Sabine Schroll

Aller guten
Katzen sind ...?

Der Mehrkatzen-Haushalt

Alle Angaben in diesem Buch sind sorgfältig geprüft und geben den Wissensstand bei der Veröffentlichung wider. Da sich Wissen aber laufend weiterentwickelt und vertieft, muss jeder Anwender selbst prüfen, ob die Angaben nicht durch neuere Erkenntnisse überholt sind. Bei Krankheitsanzeichen oder Symptomen, die zur Sorge Anlass geben, ist unbedingt tierärztlicher Rat einzuholen.

Website der Autorin: www.ethovet.at

Dipl.Tzt. Sabine Schroll

Aller guten Katzen sind ...?

Der Mehrkatzen-Haushalt

ISBN
© 2003 by Verlag Videel OHG, Niebüll
Alle Rechte bei der Autorin.
Gesamtherstellung: Videel, Niebüll

Inhalt

Einleitung

Kann ich noch eine weitere Katze zu meinen anderen Katzen dazu nehmen ? Was würde besser passen – ein Kater oder eine Kätzin ? Oder habe ich schon zuviel Katzen ? Wie gewöhne ich meine Katzen am besten zusammen ? Was soll ich tun, wenn sich meine Katzen nicht vertragen ?

Das sind viele offene Fragen. Und es gab noch kein Buch, das sich mit den Besonderheiten und möglichen Problemen eines Mehrkatzen-Haushalts befasst.

Es ist ausserordentlich schön und faszinierend mit einer harmonischen Katzengruppe zu leben. Und es kann die grösste Herausforderung sein, wenn die Katzen nicht zusammen passen.

Mit diesem Buch möchte ich Ihnen einen kleinen Wegweiser mit Informationen geben, um das Zusammenleben mit einer Katzengruppe friedlich und angenehm zu gestalten.

Es richtet sich auch an Katzenbesitzer, die gerade vor der Frage stehen, ob sie eine weitere Katze aufnehmen sollen und wenn ja welche. Und es richtet sich an die Besitzer, die bereits nicht so ganz geglückte Katzen-Partnerschaften erleben und angesichts des vermeintlich ,ganz normalen Wahnsinns' von Katzenbeziehungskisten am Verzweifeln sind.

Und nicht zuletzt richtet sich dieser Ratgeber auch an meine tierärztlichen Kollegen, die ihre Katzenbesitzer in der Praxis besser beraten und informieren wollen.

... auf einmal waren es fünf

„Eines Tages waren es eben fünf Katzen – irgendwie kann ich mir gar nicht mehr vorstellen, mit nur einer Katze zu leben". Das ist eine ziemlich typische Antwort auf die Frage, warum es denn so viele Katzen wären. Die Entscheidung, seiner Einzelkatze, eine Partnerkatze hinzuzugesellen ist gewöhnlich viel schwieriger und wird länger überlegt, als die Aufnahme einer vierten oder fünften Katze in die Gruppe. Es scheint sogar so, dass die Hemmschwelle ab der dritten Katze im Haushalt deutlich fällt. Jede weitere Katze wird leichter in die Gruppe aufgenommen, nach der Devise „Was soll's, eine mehr oder weniger macht jetzt nichts mehr aus. Dann sind es eben fünf."

Diese gewisse Eigendynamik ist bereits ein guter Teil der Erklärung. Aber eben nur ein Teil. Natürlich gibt es noch andere Gründe, mit einem Katzenrudel zu leben.

Einen Mehrkatzen-Haushalt führen zum Beispiel die meisten Züchter. Es beginnt im allgemeinen mit einem hübschen reinrassigen Katzenmädchen, das man einfach aus Neugier einmal auf einer Ausstellung präsentieren möchte. Mit dem „vorzüglich" und den ersten Kokarden taucht meistens gleichzeitig der Wunsch auf, dieses hübsche Katzenmädchen „nur einmal" als Katzenmutter zu erleben. Und nach wenigen Jahren hat man plötzlich neben dem inzwischen zur Grossmutter gereiften Katzenmädchen auch noch deren Töchter aus verschiedenen Würfen, weitere unwiderstehlich hübsche Katzenmädchen und vielleicht einen eigenen Kater...

Die Freude am Nachwuchs der eigenen Kätzin ist indessen auch bei normalen Hauskatzen ein häufiger Ausgangspunkt für eine Katzengruppe. Jedes Kind möchte gerne „sein" Katzenkind behalten – im Juni ist die Nachfrage nach kleinen Katzen aufgrund des Überangebots gerade nicht so gross, und

9

überhaupt weiss man ja nicht, ob das gute Plätze sind... Nun gut, die kleine Katzenfamilie kann bleiben.

Nach einiger Zeit des Zusammenlebens entwickelt sich bei vielen Menschen eine Leidenschaft für die persönliche Individualität von Katzen. Nie hätte man gedacht, dass es so faszinierend sein kann... jede Katze, die man irgendwo kennenlernt ist völlig anders, eine eigene Persönlichkeit. Der Wunsch nach „mehr" taucht unweigerlich auf!

Auch die Vielfalt an Rassen und Farben ist manchmal eine Motivation für die Vergrösserung der Familie. Eigentlich wollte man schon immer eine rote Katze, aber irgendwie hat es nie sein wollen – und da ist sie endlich ! Genau so eine haben Sie schon jahrelang gesucht... na ja, da sind zwar schon drei zu Hause, aber was soll's, es muss sein!

Der Wunsch, armen und vernachlässigten Katzen einen guten Platz zum Leben zu geben, ist eine weitere Motivation. Da die Zahl dieser armen Katzen unendlich ist, besteht sehr leicht die Gefahr, dass man seine Möglichkeiten zu helfen, überschätzt. Doch später mehr zu dieser Problematik

Einer meiner Hauptgründe für Neuzugänge war immer die Begeisterung für die Aktivität und Lebendigkeit von Jungkatzen. Alle zwei bis drei Jahre, wenn die meisten Katzen etwas gesetzter und ruhiger werden, war da wieder die Zeit für ein oder zwei quirlige Katzenkinder.

Und nicht zuletzt spielt der Zufall eine nicht unwichtige Rolle – was sollten Sie auch tun, wenn Ihnen dieses arme heimatlose Katzenkind in die Hand gedrückt wird?

Wieviel sind „mehr" Katzen ?

In diesem Kapitel geht es nun einerseits um die Frage, ab wann man eigentlich vom Mehrkatzen-Haushalt spricht und die zweite ganz entscheidende Frage: Wieviel sind zuviel Katzen ?

Beginnen wir zunächst mit der Definition des Mehrkatzen-Haushalts. Ich würde die folgende Einteilung wählen:

❏ Einzelkatzen-Haushalt
❏ Zweikatzen-Haushalt
❏ Mehrkatzen-Haushalt ab drei bis ungefähr zehn, eventuell zwölf
❏ Massenhaltung von zwölf aufwärts

Natürlich gibt es hier individuelle Unterschiede und der Übergang bei den beiden letzten Gruppen ist fliessend.

Im Grunde sind auch zwei Katzen schon ein Mehrkatzen-Haushalt und für die reine Wohnungskatze ist es empfehlenswert gleich von Anfang an zwei passende Katzen aufzunehmen. Manche Zweierbeziehungen können schon mehr als schwierig sein, aber die richtige Gruppendynamik beginnt ab der dritten Katze; es wird ein richtiges soziales System.

In einer sozialen Gruppe gibt es wechselseitige Beziehungen – jede Katze kennt die andere, kommuniziert mit ihr und tritt in eine Beziehung. Die Anzahl der Beziehungen, die eine Katze in einer Gruppe pflegt, hängt naturgemäss von der Anzahl der Partnerkatzen in der Gruppe ab. Es gibt eine einfache Formel, um die Anzahl dieser wechselseitigen Beziehungen zu berechnen: x mal (x-1), wobei x die Anzahl der Katzen in der Gruppe ist. Als Beispiel: in einer Gruppe mit 5 Katzen gibt es: 5 x 4 = 20 wechselseitige Beziehungen. Wenn Sie eine weitere Katze aufnehmen, erhöht sich Anzahl der Beziehungen, die eine Katze regeln und überschauen muss, schlagartig auf 30 (6 x 5 = 30). Das kann einige Katzen massiv überfordern und die bislang stabile soziale Ordnung bricht zusammen. Bei der Entscheidung für eine weitere Katze sollten Sie daher immer auf die psychisch und sozial schwächste oder instabilste Katze Rücksicht nehmen.

Die zweite viel schwierigere Frage ist: Wieviel Katzen sind zuviel? Oder: Wie gross ist die optimale Katzengruppe? Diese Frage kann nicht pauschal beantwortet werden, denn es gibt zahlreiche Faktoren, die einen Einfluss haben.

Grundsätzlich ist es einmal das zur Verfügung stehende Platzangebot – und wie Sie vielleicht schon wissen – die dreidimensionale Struktur, die den Lebensraum und die Lebensqualität von Katzen entscheidend prägen. Auch sehr soziale und gut befreundete Katzen möchten sich zeitweise gegenseitig aus dem Weg gehen und sich ungestört zurückziehen. Wenn das aus Platzgründen nicht möglich ist, nimmt der soziale Stress zu.

Beständiger sozialer Stress macht krank, selbst wenn er nicht sehr massiv ist. Insbesondere chronische Viruserkrankungen wie FeLV und FIP, aber auch Katzenschnupfen oder Pilzinfektionen sind in gestressten (zu grossen) Katzengruppen fast alltäglich. Für die Vorbeuge von FIP-Erkrankungen in Problembeständen gilt zum Beispiel die Empfehlung, Katzen in Kleingruppen von drei bis vier zu halten; dass heisst entweder eine grosse Gruppe in mehrere voneinander getrennte Kleingruppen aufzuteilen oder seinen Mehrkatzen-Haushalt von vorneherein auf vier Katzen zu begrenzen.

Es ist unbestritten, dass es deutlich grössere dennoch harmonische Katzengruppen gibt und vielleicht leben Sie im Moment sogar mit einer solchen. Nichtsdestotrotz sollte man die Zahl vier für eine optimale Katzengruppe im Auge behalten.

Bei grösseren Gruppen spricht man zunehmend von „over crowding" und der Stress für die Katzen steigt exponentiell (so wie die Anzahl der gegenseitigen Beziehungen). Bei Katzengruppen jenseits der 20 oder gar 30 (und ich spreche von einer geschlossenen Haltung und nicht von ganz freilebenden Wildkatzengruppen, die sich nur am Futterplatz treffen) kann man nur noch von Massentierhaltung sprechen – die Betreuung der Einzelkatze ist in den allermeisten Fällen (seltene Ausnahmen bestätigen diese Regel) weder in körperlicher, psychischer noch in medizinischer Hinsicht gewährleistet.

Wieviel Lebens- und Bewegungsraum eine Katze benötigt und wieviel soziale Nähe sie wünscht oder erträgt, hängt von ihren genetischen Anlagen und der Entwicklung in der frühen Kindheit und Jugend ab. So wie es Katzen gibt, deren unbändiger Freiheitsdrang eine Wohnungshaltung zur Qual oder unmöglich macht, gibt es auch Katzen, die für ein soziales Leben nicht geschaffen sind, weil sie einfach Singles sind.

Die Katze – ein soziales Tier ?

Für den Mehrkatzen-Haushalt entscheidende Fragen sind:
Wie fühlen sich die Katzen in der Gruppe ? Ist die Katze ein
soziales Tier ? Ich würde diese Frage grundsätzlich mit ja beantworten, aber es gibt grosse Unterschiede in den sozialen
Bedürfnissen von Katzen.

Vom Einzelgänger
zum sozialen Haustier

Die Katze ist ein Raubtier und jagt Beutetiere, die kleiner
sind, als sie selbst. Sie kann daher ihre Beute ohne Probleme
alleine überwältigen. Im Team zu jagen ist also nicht notwendig und würde bedeuten, dass man diese kleine Maus am Ende
auch noch teilen muss. Es gäbe Konflikte und keiner der an
der Jagd beteiligten Partner, geschweige denn eine kleine Katzenfamilie, würde richtig satt werden. Diese gemeinschaftliche
Jagdmethode hätte für die Katze keinerlei Sinn und was die
Jagd betrifft sind Katzen richtige Einzelgänger.

Wildkatzen jagen nicht nur alleine, sie leben (mit Ausnahme von Löwen) auch alleine, sie treffen sich nur zur Fort-
pflanzungszeit und die Jungtiere leben bei der Mutter, bis sie
annähernd selbständig sind und vertrieben werden.

Unsere Hauskatze scheint in der Evolution gerade einen
grossen Schritt in Richtung soziales Leben zu tun.

Freilebende und verwilderte Hauskatzen können durchaus
in grösseren sozialen Gruppen leben, wenn sie an bestimmten
Futterplätzen ausreichend versorgt werden. Vor allem in südli-
chen Ländern, aber nicht nur dort, gibt es eine riesige Popula-
tion solcher verwilderten und durchgefütterten Katzen. Der

15

Druck, sich durch Jagd selbst am Leben zu erhalten, ein Jagd-
revier zu verteidigen, fällt mit der Fütterung weg – hier ist
jetzt stattdessen allerdings soziale Kompetenz gefragt, wenn
man an dieser gesicherten Futterstelle erfolgreich sein möchte.
Die flexible Anpassung von Katzen an das soziale Zusammenleben und die erleichterten Lebensbedingungen haben Folgen:
Katzen leben tatsächlich im Rudel und werden immer mehr.
Daher gilt der Grundsatz: verwilderte, herrenlose Katzen sollen nur gefüttert werden, wenn sie vorher kastriert wurden.

An diesem Beispiel wird aber ganz offensichtlich – die
Katze hat eindeutig soziale Kompetenzen. Ich würde sie als
fakultativ sozial bezeichnen: sie kann alleine oder in der
Gruppe leben, aber sie muss weder alleine noch in der Gruppe
leben.

Sozialisation und Geselligkeit

Warum sind manche Katzen gesellig und andere nicht ?

Es gibt im Grunde zwei Faktoren, die zur sozialen Verträglichkeit einer Katze beitragen: die genetische Grundlage, die sie von ihren Eltern mitbekommen hat und die Sozialisation.

Wie gross der genetische Einfluss ist, lässt sich nicht genau sagen. Aber die Wahrscheinlichkeit, dass ein Katzenkind mit geselligen sozialen Eltern auch gesellig und sozial wird, ist gross; genauso wie im umgekehrten Fall – Katzenkinder bekommen von asozialen (im Sinne von ungeselligen), wenig kontaktfreudigen Eltern auch ebendiese Grundlagen für das Leben mit.

Den zweiten entscheidenden Einfluss auf die persönliche Entwicklung neben der Genetik hat die Sozialisation.

Sozialisation bedeutet, dass Katzenkinder während einer bestimmten sensiblen Phase die wichtigsten Dinge für das spätere Leben lernen: wer bin ich und wer sind meine Freunde und Feinde, mit wem pflegt man soziale Kontakte (Katzen, Menschen, Hunde, etc.) und wer wird gefressen. Diese Sozialisati-

17

onsperiode beginnt mit dem Öffnen der Augen mit der zweiten Lebenswoche und endet um die siebente Woche.

Kleine Katzen kommen blind und taub auf die Welt, ja sie wissen noch nicht einmal, dass sie Katzen sind.

In den ersten Tagen orientieren sie sich an der Wärme und am Geruch ihrer Mutter und Geschwister. Und schon mit wenigen Tagen beginnen die blinden Kätzchen zu fauchen und sogar zu spucken (eine besondere Lautäusserung bei Bedrohung), wenn sie unbekannte Gerüche, etwa die einer menschlichen Hand wahrnehmen. Ohne regelmässigen und intensiven menschlichen Kontakt entwickeln sich diese Kätzchen innerhalb von sieben Wochen zu kleinen wilden Tigern, die sich dem Menschen gegenüber so scheu wie Wildtiere benehmen. Diese Sozialisation auf den Menschen ist unerlässlich, wenn eine Katze in engem Kontakt mit Menschen leben soll. Die Situation einer vom Menschen isolierten und mehr oder weniger reizarmen Aufzucht findet man immer wieder bei Bauernhofkatzen, die ihre Jungen verstecken und erst dann im Stall präsentieren, wenn die sensible Phase für die Sozialisation praktisch vorbei ist. Obwohl sich noch manche dieser Jungkatzen mit viel Geduld an einzelne Menschen gewöhnen können, werden sie *niemals* zu unkomplizierten, flexiblen und weltoffenen Hausgenossen, sondern bleiben potentielle Problemkatzen, insbesondere in der Wohnung.

In den ersten Wochen müssen die Katzenkinder aber nicht nur den Umgang mit Menschen lernen, sondern auch das Leben und die Spielregeln im Umgang mit anderen Katzen. Der ausreichende Kontakt und vor allem das Spiel mit anderen Katzen ist entscheidend, damit ein Katzenkind sich selbst als Katze erleben und lernen kann, mit Katzen zu kommunizieren. Die Katzenmutter erzieht ihre Kinder aktiv zur Selbstkontrolle, indem sie sie mit den Pfoten oder Zähnen festhält und zum Stillhalten zwingt, während sie geputzt werden. Manche Kätzchen schreien vor allem mit zunehmendem Alter ganz schrecklich dabei, aber die Katzenmutter scheint davon nicht im geringsten beeindruckt.

Beim Spielen mit den Geschwistern, ihrer Mutter und anderen Artgenossen üben die Kätzchen alle Verhaltensweisen, die sie für den späteren Umgang miteinander brauchen. Diese sensible Phase für die Sozialisation auf andere Katzen dauert sehr wahrscheinlich etwas länger als sieben Wochen.

Die Sozialisation auf den Menschen wird nicht durch den Kontakt mit Geschwistern, Mutter und anderen Katzen behindert – Kätzchen werden also *nicht* anhänglicher, wenn man sie frühzeitig von ihrer Mutter wegnimmt. Im Gegenteil: Bei mangelndem oder fehlendem Kontakt zu Mutter, Geschwistern oder anderen Katzen in der Sozialisationsphase entwickeln sich asoziale, hyperaktive Jungkatzen, die unfähig zu normalen Sozialkontakten mit anderen Katzen (und Menschen) sind. Sie haben die Spielregeln nicht gelernt und es fehlt ihnen fast immer an Selbstkontrolle und Frustrationstoleranz.

Katzen, die mit acht Wochen von Mutter und Geschwistern getrennt wurden und einige Jahre ohne Kontakt mit Katzen alleine leben, haben im allgemeinen keine sozialen Kompetenzen und Bedürfnisse entwickelt oder wieder verloren.

Dagegen gliedern sich Katzen, die bereits in einer Gruppe gelebt haben, zum Beispiel beim Züchter, am Bauerhof oder im Tierheim, sehr viel leichter in eine neue Gruppe ein.

Wer passt zu wem ?

Diese Frage stellen sich zwar viele Katzenbesitzer, aber leider noch nicht genug. Immer wieder werden bereits in der Familie lebende Katzen ohne weitere Überlegungen mit irgendwelchen Partnerkatzen konfrontiert. Es ist doch auch eine Katze, die müssen sich doch verstehen...
Ganz und gar nicht.

Katzen entwickeln persönliche Freundschaften und Bindungen und beim Verlust einer Partnerkatze kann diese nicht ganz einfach durch eine beliebige andere Katze ersetzt werden. Niemand würde auf die Idee kommen, einem trauernden Menschen, der einen Partner verloren hat, den erstbesten wohnungssuchenden Menschen an den Frühstückstisch zu setzen: „Damit du nicht so allein bist".

Bei trauernden Katzen passiert das mit grosser Regelmässigkeit und sehr häufig enden diese gut gemeinten, aber völlig ungeeigneten Aktionen mit Dauerstress und Angstzuständen anstatt friedlichem Zusammenleben.

Auch Katzen, die längere Zeit alleine gelebt haben, reagieren nur selten freudig auf den Neuankömmling.

Hier zunächst ein paar grundsätzliche Informationen, nach welchen Prinzipien zueinander passende Katzen gewählt werden können, bevor wir auf einige Sonderfälle genauer eingehen.

Katzen, die in mehr oder weniger engem Kontakt mit anderen Katzen und Menschen zusammenleben müssen, sollten sowohl auf Katzen als auch auf Menschen gut sozialisiert sein. Es gelten im Grunde alle Regeln, die man auch bei der Auswahl einer Einzelkatze berücksichtigen sollte. Für den Mehrkatzen-Haushalt gilt es aber noch mehr Kriterien zu beachten.

Geschlecht

Ganz allgemein harmonieren Kater mit Kater und Kätzin mit Kätzin besser als gemischtgeschlechtliche Paare. Gleichgeschlechtliche Paare passen in ihrem Spiel- und Kontaktverhalten wesentlich besser zusammen. Die Unterschiede im Spielverhalten zeigen sich schon ab der 10. bis 12. Woche. Während Kater gerne miteinander rangeln und soziale Kontaktspiele pflegen, bevorzugen Katzenmädchen schon in diesem Alter Objektspiele. Bis zur Pubertät wird dieser Unterschied immer deutlicher, die jungen Kater werden in dieser Phase grob und unkontrolliert im Spiel. Kätzinnen, egal in welchem Alter und manchmal auch die eigene Mutter, sind diesen Jungkatern mit Machogehabe oft nicht gewachsen und ziehen sich verunsichert zurück. Damit werden sie vielfach erst zu richtig interessanten Opfern für den halbstarken Jüngling. Kater, die mit Kätzinnen, seien es Schwester, Mutter oder anderen weiblichen Katzen, in der Gruppe leben, sollten frühzeitig, möglichst vor der Pubertät mit vier, fünf Monaten kastriert werden. Die frühzeitige Kastration hat nach aktuellem Wissenstand keinen nachteiligen Einfluss auf die weitere Entwicklung des Kater, aber man vermeidet damit die unvermeidlichen Jungkaterallüren mit dem Testosteronanstieg während der Pubertät. Diese führen zu völlig unnötigem sozialen Stress und können unter Umständen die Beziehungen zu den anderen Katzen dauerhaft beeinträchtigen.

Selbstsicherheit

Die Selbstsicherheit hängt bei der Katze vielfach mit dem Geschlecht zusammen – Kater sind in der Regel deutlich selbstbewusster – aber das muss nicht so sein. Es gibt auch hin und wieder unsichere Kater und sehr selbstsichere Kätzinnen.

Daher sollte die individuelle Persönlichkeit der Katze auch unabhängig vom Geschlecht betrachtet werden. Selbstsichere Katzen sind im allgemeinen extrovertierte Katzen. Sie kommen von sich aus auf den Menschen oder eine andere Katze zu und wünschen oder fordern Körperkontakt. Wenig selbstbewusste Katzen sind eher introvertiert, sie sind zurückhaltend und warten auf Kontakt. Auf zu direkte Spielaufforderungen oder forsche Annäherungsversuche reagieren sie mit weiterem Rückzug.

Alter

Wenn man die Wahl hat, sollten die Katzen im Alter oder zumindest in der Altersstufe zusammenpassen. Ältere oder alte ruhebedürftige Katzen sind nur in Ausnahmefällen begeistert, wenn sie mit jungen oder jugendlichen Katzen zusammenleben müssen. Neben dem tatsächlichen Alter in Jahren gibt es auch ein ‚individuelles Alter', sozusagen „wie alt sich die Katze fühlt". Eine zwei- bis dreijährige Kätzin, die gerade ihren dritten Wurf aufgezogen hat, ist deutlich „älter" und „reifer" wie eine gleichaltrige Kätzin oder ein Kater, die mit sieben Monaten kastriert wurden.

Aktivität

Das Aktivitätsniveau hängt mit dem Alter, aber auch mit der individuellen Veranlagung zusammen. Junge und jugendliche Katzen sind natürlich sehr aktiv, ab dem zweiten bis dritten Lebensjahr werden die meisten Katzen etwas gesetzter, das kann aber nicht mit inaktiv gleichgesetzt werden.

Es gibt unterschiedliche Aktivitätstypen – Katzen die mehr spielen, sogenannte „Spielkatzen" und Katzen, die Körperkontakt und Streicheln bevorzugen, sogenannte „Streichelkatzen".

Farbe und Rasse

Es gibt noch keine wissenschaftlichen Untersuchungen, die einen Zusammenhang von Charakter und Farbe belegen würden. Für einzelne Katzenrassen sind charakterliche Unterschiede statistisch nachgewiesen. Und jeder, der mit unterschiedlichen Katzenrassen zu tun hat, wird bestimmte Tendenzen im Charakter aufgrund seiner persönlichen Erfahrung bestätigen. Das ist zwar nur mit menschlicher Infralogik begründet, aber Katzen scheinen auch eine Neigung zu haben, sich mit optisch ähnlichen Katzen zu befreunden. Bringt man Jungkatzen verschiedener Rassen zusammen, dann liegen sie lieber mit ähnlich aussehenden Katzen – gleiche Haarlänge, gleiche Farbe – beisammen. Auch erwachsene Katzen haben manchmal eine unwahrscheinliche persönliche Vorliebe für ganz bestimmte Fellfarben.

Auf den kleinsten gemeinsamen Nenner gebracht, kann man für Katzen sagen: Gleich und gleich gesellt sich gern – unter der Voraussetzung, dass die Katzen grundsätzlich gesellig sind.

In einer optimal zusammengesetzten Katzengruppe sollten sich nach Möglichkeit immer nach den oben angeführten Kriterien passende Paare finden können. Es entstehen tatsächlich enge Beziehungen und Kuschel- oder Spielfreundschaften – die Katzen erfüllen sich gegenseitig ihre sozialen Bedürfnisse und sind daher verträglicher.

Nun zu einigen Sonderfällen und Fragestellungen, die häufig in der Praxis auftauchen und zu Problemen führen können. Es muss zwar letztlich jede Katze und jede Situation individuell betrachtet werden, aber es gibt typische Konstellationen, für die man weitgehend allgemeingültige Regeln aufstellen kann.

Geschwisterpaar

Ein Katzenpärchen wird von vielen Besitzern als harmonische Auswahl angesehen – und oft ist das auch der Fall. Die grösste Sorge der Besitzer gilt dabei der Verhinderung von unerwünschtem Nachwuchs. Aber die rechtzeitige Kastration des Katers ist nicht nur aus diesem Grund zu empfehlen. Insbesondere wenn sich die beiden in Selbstsicherheit, Typ und Aktivitätsniveau unterscheiden und die Kätzin gemeinsames Spiel mit dem zu heftigen Bruder zu vermeiden beginnt, ist eine frühzeitige Kastration sehr zu empfehlen. Es gibt unzählige Kätzinnen, die unter dem rüpelhaften Spiel ihres Bruders zu leiden haben, weil ein Geschwisterpärchen als beste Option angesehen wird.

Das ist natürlich auch für alle anderen gemischtgeschlechtlichen Paare und nicht nur für Geschwister gültig.

Einzelkatze

Eine häufige Situation ist folgende: zu einer, unter Umständen seit Jahren, allein lebenden Katze soll eine zweite Katze kommen. Welche Katze passt am besten? Das ist im Grunde genommen eine ungünstige, wenn nicht überhaupt die schlechteste, Ausgangsposition für einen Mehrkatzen-Haushalt – man beginnt mit einer ungeselligen Einzelkatze. Eine entscheidende Frage ist dabei: Für wen soll die zweite Katze aufgenommen werden? Wünschen Sie sich als Besitzer eine zweite Katze oder möchten Sie nur deshalb eine zweite Katze, damit Ihre erste nicht so allein ist? Im ersten Fall bestehen gute Chancen, dass zumindest einer mit dem Neuankömmling zufrieden ist, nämlich Sie. Im zweiten Fall wird es viel eher mindestens zwei Unzufriedene geben: Ihre Katze und Sie.

Für eine ältere Einzelkatze gibt es zwei gute Optionen: Eine nach allen obigen Kriterien passende zweite sehr soziale Katze oder zwei gut harmonierende Jungkatzen.

Für eine nicht soziale Einzelkatze, unabhängig vom Geschlecht, sind zwei Jungkatzen in der Tat eine geringere Belastung wie eine einzelne Jungkatze. Die Wahrscheinlichkeit, dass die beiden jungen Katzen miteinander spielen und die ältere Katze nicht zu sehr belästigen ist ziemlich gross.

Ersetzen einer Partnerkatze

Katzen, die eine starke Bindung an eine befreundete Partnerkatze haben, leiden sehr unter dem Verlust, wenn diese Katze stirbt oder verschwindet. Die Trauerphase mit Unruhe und Suchen der Partnerkatze, mangelndem Appetit bis zur Depression dauert meistens zwei bis drei Wochen, in seltenen Fällen entwickelt sich daraus eine chronische Depression.

Viele Besitzer holen sich sofort eine neue Katze, um in gutgemeinter Absicht, der vereinsamten Katze mit einem neuen Gefährten zu helfen. Die Enttäuschung ist gross, wenn die verunsicherte trauernde Katze mit Angstzuständen, Distanzierungsaggression oder sogar Unsauberkeit oder Markierverhalten reagiert. Aus der Sicht der trauernden Katze ist das nur allzu verständlich – wer möchte schon in dieser schwierigen Phase mit einem Wildfremden auf engstem Raum zusammen sein?

In anderen Fällen beobachtet man nach der ersten Trauerphase ein richtiges Aufblühen der zurückgebliebenen Katze. Es wird ganz offensichtlich, dass sich der Bewegungsspielraum dieser Katze in psychischer wie auch räumlicher Hinsicht erweitert hat.

Wenn Sie nach dem Verlust einer Katze wieder eine andere Katze haben wollen, sollten Sie auf jeden Fall drei bis sechs Wochen warten, bis sich die trauernde Katze erholt hat. Wenn diese nach einigen Tagen richtiggehend aufblüht und Sie sie kaum wiedererkennen, dann ist es eine Überlegung wert, ob Sie ihr mit einer neuen Partnerkatze das Leben wirklich verschönern.

Je älter die alleingebliebene Katze ist, desto schwieriger wird es, eine neue Partnerkatze zu finden. Es gilt das für die nicht gesellige Einzelkatze Gesagte – zwei Jungkatzen sind eine geringere Belastung wie eine.

Problemkatze

Soll oder kann man zu einer Problemkatze – Angstzustände, mangelnde Sozialisation, Unsauberkeit, Harnmarkieren – eine weitere Katze nehmen? Hilft einer ängstlichen Katze der Kontakt mit einer anderen Katze? Insbesondere bei Besitzern mit einer nicht oder schlecht auf den Menschen sozialisierten Katze, die aggressiv ist, den Grossteil des Tages unter dem Bett oder im Kasten verbringt, taucht früher oder später der Wunsch nach einer zugänglichen kontaktfreudigeren Katze auf.

Der Erfolg dieser Beziehung hängt von der Sozialisation gegenüber anderen Katzen und der Geselligkeit der ängstlichen Katze ab. Wenn sie durch fehlenden Kontakt in den ersten Lebenswochen nicht auf Menschen sozialisiert ist, aber mit anderen Katzen in der Gruppe gelebt hat (Bauernhof, Tierheim, etc.) und eine soziale Katze ist, kann ihr eine umgängliche Partnerkatze, die sehr gut auf Katzen *und* Menschen sozialisiert ist, helfen. Katzen lernen sehr gut durch Beobachtung – die Voraussetzung dafür ist aber eine wirklich innige vertrauensvolle Bindung an die andere Katze. Von dieser befreundeten Katze kann eine ängstliche, schlecht sozialisierte Problemkatze entspannteres Verhalten in Anwesenheit von Menschen lernen.

Wenn diese Bedingungen – Sozialisation auf andere Katzen und intensive Bindung – nicht zweifelsfrei erfüllt sind, endet dieses soziale Experiment mit allergrösster Wahrscheinlichkeit mit Angstzuständen, Aggression und Pinkelei im Chaos.

Da diese „therapeutischen" Beziehungen unter Katzen eher die Ausnahme als die Regel sind, ist es sehr viel vernünftiger, die Problemkatze mit psychischen Störungen zu behandeln und erst dann zu überlegen, ob man eine weitere Katze aufnimmt. Man wird dabei immer das Risiko auf sich nehmen, ein labiles Gleichgewicht umzukippen.

Drittkatze

Passt eine dritte Katze in meinen Haushalt oder wird sie ein „fünftes" Rad am Wagen sein ?

Auch diese Frage lässt sich nicht ganz endgültig beantworten, aber es gibt wiederum ein paar allgemeine Grundregeln.

Wie bereits besprochen, ist es sinnvoller, dass mit der zweiten auch gleichzeitig ein dritte Katze miteinzieht, wenn bereits eine ältere, ruhebedürftige oder wenig soziale Katze da ist, die, aus welchen Gründen auch immer, nicht alleine bleiben kann/soll.

Auch wenn Sie bereits zwei Katzen haben, die sich sehr gut verstehen, ist es unter Umständen besser, ein weiteres harmonierendes Zweierteam einzuquartieren, also von zwei auf vier Katzen zu erhöhen. Diese zwei Paare ergeben fast immer ein stabileres System im sozialen Gleichgewicht.

Falls Ihre zwei vorhandenen Katzen jedoch nicht so ganz glücklich miteinander sind, weil sie in Alter, Geschlecht oder Aktivität nicht zusammenpassen, kann eine dritte Katze die Beziehungen wieder stabilisieren... oder völlig zum Umkippen beitragen.

Es wird ganz davon abhängen, wie Sie die freie Position besetzen. Es gilt: Die aktivere, selbstbewusstere und meistens jüngere Katze bekommt einen, vorzugsweise gleichgeschlechtlichen Partner, der ihr in jeder Hinsicht gewachsen ist. Dadurch bekommt die bis jetzt bedrängte und zurückgedrängte unsichere und passivere Katze im allgemeinen den Freiraum, den sie braucht. Kritisch wird die Situation nur, wenn sich das neue Zweierteam auf Mobbing verlegt und die partnerlose Katze gemeinsam terrorisiert. Diese schwierigen Zustände sollten auf jeden Fall gemeinsam mit einem verhaltensmedizinisch ausgebildeten Tierarzt behandelt werden.

Weitere Katzen

Im allgemeinen ist es einfacher die vierte, fünfte, sechste... neunte Katze in eine bestehende Gruppe einzugliedern. Es sieht fast so aus, als würden die vorhandenen Katzen, den Neuling mit ergebener Haltung „schon wieder einer, was will der denn hier?" zur Kenntnis nehmen, sich distanzieren und zur Tagesordnung übergehen.

In manchen Fällen kann diese letzte Katze aber der Tropfen sein, der das Fass zum Überlaufen bringt und die ganze Gruppe befindet sich schlagartig im chaotischen Ausnahmezustand.

Für jeden Neuzugang in einen bestehenden Mehrkatzenhaushalt gelten sinngemäss die selben Regeln wie für die erste und zweite Katze: Passende Partner für einzelne Katzen, die die Gruppe destabilisieren, zwei zueinander passende Katzen wenn die bestehende Gruppe stabil und harmonisch ist.

Zusammenfassung

Für einen harmonischen Mehrkatzenhaushalt ist es sinnvoll, passende Katzen nach bestimmten Kriterien auszuwählen.

Es gibt einige Kombinationen, die mit grösster Wahrscheinlichkeit nicht gut gehen und im Sinne Ihrer Katzen sollten Sie diese vermeiden.

Weiters gibt es vielversprechende Konstellationen und Sie sollten versuchen, nur wirklich passende Katzen in Ihren Haushalt oder Ihre bestehende Gruppe aufzunehmen. Selbst dann bleibt trotz überlegter und gezielter Auswahl noch ein gewisser Unsicherheitsfaktor, weil Katzen sehr individuell sind – und manche können einfach nicht miteinander. So wie Menschen auch.

Psychisch gesunde Katzen können sich an ein gemeinsames Leben gewöhnen, wenn man sie dazu zwingt. Und wenn sie auch die Partnerkatze nicht sympathisch findet, lässt sich zumindest ein tolerantes Leben nebeneinander arrangieren.

Psychisch instabile Katzen, schlecht oder gar nicht sozialisierte Katzen oder solche mit Angststörungen sind nicht in der Lage, sich anzupassen und leiden erheblich, wenn sie gezwungen sind, in sozialen Beziehungen zu leben, denen sie nicht gewachsen sind. Doch dazu später mehr.

Zusammengewöhnen – aber wie ?

Nachdem Sie nun hoffentlich eine Katze ausgesucht haben, von der Sie einigermassen sicher sind, dass sie gut zu Ihnen und den anderen im Haushalt lebenden Katzen passt, bleibt noch die Frage: „Wie sage ich es meinen Katzen?"

Die ersten Begegnungen haben schon bei unzähligen Katzenbesitzern grosse Enttäuschung und manchmal sogar Verzweiflung und Panik ausgelöst. Je unrealistischer die Erwartungen an die neuen als Freunde angedachten Katzen sind, desto grösser wird die Enttäuschung sein. Im Grunde können Sie zwar alle optimalen Voraussetzungen arrangieren, letztlich liegt die Entscheidung aber immer bei den Katzen selbst.

Daher ist es günstig, die zu erwartenden und möglichen Reaktionen von Katzen zu kennen und zu wissen, ob und wie Sie darauf reagieren sollen.

Geruchsbotschaften

Wenn Sie einige Tage Zeit haben, bevor die neue Katze bei Ihnen einzieht, gibt es eine einfache Technik des „indirekten Bekanntmachens". Katzen leben in einer sehr reichhaltigen Geruchswelt. In einer Gruppe lebende Katzen teilen sich durch sogenannte Pheromone einen gruppentypischen Geruch, an dem sie sich gegenseitig erkennen. Durch engen Körperkontakt, gegenseitiges Putzen und gemeinsames Benützen von Liegeplätzen tauschen sie ihre Pheromone und Gerüche aus und frischen sie immer wieder auf.

Diese Art der indirekten sozialen Verbindung können Sie sich zunutze machen, um eine neue Katze zu präsentieren, noch bevor sie da ist.

Nehmen Sie eine Decke oder ein Handtuch, auf dem Ihre Katzen regelmässig liegen und tauschen Sie es gegen eine Schlafunterlage der neuen Katze aus. Und bei der neuen Katze machen Sie es gleichermassen. Solange bis die neue Katze zu Ihnen kommt vertauschen Sie nun alle ein bis zwei Tage die Handtücher oder Decken. Auf diese Weise sind sich die Katzen vor der persönlichen Konfrontation zumindest geruchlich schon etwas näher gekommen.

Eine andere Möglichkeit ist die Verwendung von angenehmen Futtergerüchen. Es ist zwar nicht sehr realistisch (im ethologischen Sinn), aber in vielen Fällen durchaus effektiv, eine neu hinzukommende Katze mit dem Geruch von Thunfisch oder Leberpastete zu „tarnen". Damit wird der Neuankömmling wenigstens über den angenehmen Geruch mit positiven Dingen wie Fressen assoziiert.

Anwendung von Pheromonen

Die weiterentwickelte Variante der Geruchsbotschaften ist die gezielte Anwendung von synthetisch hergestellten Pheromonen. Pheromone sind spezielle Gerüche, die der Kommunikation mit anderen Katzen und der Markierung der Umwelt dienen.

Es gibt einerseits die Möglichkeit, das Pheromon, das der Markierung unter Katzen (oder anderen Sozialpartnern wie dem Menschen), also dem Gruppengeruch, dient, in einem ähnlichen Sinne wie bei den Geruchsbotschaften beschrieben, anzuwenden. Alle Katzen werden mit dem Pheromonpräparat behandelt, indem man es auf ein Wattepad sprüht, das Lösungsmittel völlig verdunsten lässt und mit dem, dann geruchlosen, Wattepad in der Hand die Katzen vom Kopf bis zu den Flanken streichelt.

Ein anderes Pheromon dient der Umgebungsmarkierung und wird beim Kopfreiben an Kanten abgegeben. Mittels Verdampfer aus der Steckdose kann für Katzen eine beruhigende angenehme Atmosphäre geschaffen werden, die Spannungen reduziert.

Bei der „Neuvorstellung" einer Katze sollte dieser Verdampfer mindestens eine halbe Stunde vorher im Raum angebracht werden.

Methoden des Zusammengewöhnens

Das Eingliedern und erste Zusammentreffen der Katzen kann unterschiedlich arrangiert werden.

Die einfachste Methode ist: Sie setzen die neue Katze ins Wohnzimmer und tun, als ob da gar nichts wäre und – die Neue war doch schon immer da!

Für ausgeglichene, psychisch gesunde Katzen ist das wahrscheinlich die beste und einfachste Methode.

Sie sollten aber unbedingt berücksichtigen, dass die neu hinzukommende Katze zumindest 20 bis 30 Minuten Vorsprung bekommt. Sie soll feststellen, wo sie ist und sich alleine orientieren können, die Raumstruktur, Fluchtwege und Rückzugsorte erforscht und die wichtigsten Orte kennen gelernt haben: Futterplatz, Wasserstelle und Katzentoiletten.

Danach öffnen Sie die Türen und gehen einfach zur normalen Tagesordnung über. Das war es auch schon.

Die zweite Variante der Eingliederung verläuft ähnlich, aber zeitlich etwas ausgedehnter. Die neue Katze bekommt für einige Tage bis eine Woche einen kleinen Raum für sich alleine, wo sie sich eingewöhnen kann. In diesem Raum findet sie alle wichtigen Dinge des täglichen Lebens wie Futterplatz, Wasserstelle, Stellen zum Kratzmarkieren und in entsprechendem Abstand ein oder zwei Katzentoiletten, alles in einem überschaubaren Rahmen. Mit dem Pheromonpräparat Feliway® kann dieses Zimmer für die Katze heimelig gestaltet werden. Selbstverständlich darf der soziale Kontakt und das

Spiel mit Menschen in dieser Zeit nicht fehlen! Nach einigen Tagen wird sich die Katze in ihrem neuen Heim zunehmend vertrauter fühlen und das Zimmer als ihren sicheren Rückzugsort kennen.

Dann ist der Zeitpunkt gekommen, die Türe so ganz beiläufig einen Spalt offen zu lassen und den Katzen damit die Gelegenheit zu geben, den ersten Kontakt aufzunehmen. Die neue Katze kann sich nach und nach die ganze Wohnung oder das ganze Haus erobern und hat immer die Möglichkeit in sichere, vertraute Zonen zurückzukommen. Diese Methode eignet sich besonders für ängstliche und unsichere Katzen.

Eine noch langsamere Variante ist das Ersetzen der normalen Tür durch eine Gittertür, durch die sich die Katzen zwar sehen und riechen können, aber keinen direkten Kontakt aufnehmen können. Diese Methode wird vor allem beim Wieder-Zusammengewöhnen von Katzen eingesetzt; in manchen Haushalten und wenn bei der Therapie keine aggressions- und angstreduzierenden Medikamente eingesetzt werden, bleibt die Trennung der Katzen durch eine Gittertür ein langfristiger oder sogar Dauerzustand.

Die erste Begegnung

Was ist nun bei der ersten Begegnung der Katzen zu erwarten? Die meisten Besitzer erwarten sich von der ersten Katzenbegegnung viel zu viel und sind enttäuscht bis verzweifelt, wenn sie das tatsächliche Geschehen erleben und beobachten. Es herrscht grosse Unsicherheit, ob und wann sie eingreifen sollen und was unter Katzen noch normal ist.

Hier nun eine Beschreibung der möglichen Szenarien beim ersten Katzen-Date.

Distanzierung

Im häufigsten Fall werden die Katzen zunächst langsam aufeinander zugehen, sich kurz Nase an Nase beschnuppern und dann wird mindestens eine, meistens aber beide Katzen zu fauchen beginnen und sich eventuell knurrend langsam zurückziehen. Ab diesem Zeitpunkt bewegen sich wahrscheinlich alle an der Begegnung beteiligten Katzen nur mehr in Zeitlupe. Meistens beginnt die neue Katze wieder mit dem Erforschen der Umgebung, nachdem sie einige Zeit auf ihrem Platz verharrt hat. Die ansässigen Katzen schleichen langsam hinterher und beschnuppern, den soeben verlassenen Sitzplatz und die am Boden hinterlassenen Pheromone der Pfotenballen und Analregion. Sowie sich die Katzen zu nahe kommen oder direkt ansehen wird wieder gefaucht und geknurrt. Bei noch direkterem Kontakt oder Missachten des Fauchens werden auch Pfotenhiebe verteilt. Das ist ein völlig normaler Prozess der Distanzierung, der einige Tage bis Wochen andauern kann und Sie sollten nicht eingreifen.

Wenn eine der Katzen sehr sozial und aufgeschlossen ist, wird sich nur die andere Katze distanzieren und versuchen, die Annäherungsversuche der neugierigen freundlichen Katze abzuwehren.

Sind beide Katzen sehr sozial und aufgeschlossen wird es keinerlei Anzeichen von Aggression oder Distanzierung geben. Dieser Fall ist ausserordentlich selten und kann als gutes Vorzeichen für eine dauerhafte Katzenfreundschaft angesehen werden.

Territoriale Aggression

Die erste Begegnung kann allerdings auch wesentlich heftiger ausfallen. Territoriale Katzen verteidigen ihr Revier und beginnen, die neue Katze zu bedrohen. Eher selten gibt es diese Konstellation in umgekehrter Form, dass die neue Katze die Ansässige in dieser Art bedroht. Sie beginnt zu jaulen (wie Sie es von nächtlichen Katerkämpfen kennen) und nimmt eine offensive Körperhaltung ein: die Hinterbeine steif durchgestreckt, den Schwanz wie ein umgedrehtes L oder U buschig gesträubt und ein schmaler Kamm von aufgestellten Haaren am Rücken. Der Kopf wird nach vor gestreckt und die Ohren sind seitlich nach hinten gedreht. Jede schnelle Bewegung der anderen Katze würde sofort einen Angriff auslösen.

Wenig soziale, aber sehr territoriale Katzen gehen manchmal sogar direkt und ohne vorhergehende Drohung zum Angriff über. Es kommt sofort zum Kampf, da sich die überraschte angegriffene Katze natürlich verteidigt und den Angreifer, seitlich am Rücken liegend, in höchster Angst kreischend, mit allen 18 Krallen abwehrt. Es gibt meistens Verletzungen, Biss-

und Kratzwunden, jede Menge Haarbüschel und in vielen Fällen verliert die angegriffene Katze Kot und Harn und entleert die Analbeutel.

Nur diese beiden letzten beschriebenen Fälle von territorialer Aggression sind ein Grund einzugreifen, die Begegnung sofort abzubrechen. Aber Achtung! Beim Eingreifen und Trennen der Katzen sollten Sie besondere Vorsicht walten lassen – diese Katzen sind hochexplosiv, der extrem hohe Erregungszustand verringert die Reizschwelle und Sie könnten einen auf sich gerichteten heftigen Angriff auslösen, wenn Sie eine der beiden Katzen überraschend berühren. Am besten versuchen Sie eine der beiden Katzen mit einer Decke geschützt hochzunehmen oder sie in verschiedene Räume zu bugsieren, wo sie sich beruhigen können. Nach rund einer halben Stunde bis Stunde sollten sich die Katzen soweit beruhigt haben, dass sie wieder gefahrlos berührt werden und Sie die neue Katze schweren Herzens wieder an ihren alten Platz zurückbringen können. Und es ist besser, wenn Sie das Vorhaben, zu einer derart territorialen Katze eine weitere Katze aufzunehmen, zu den Akten legen.

Zu diesen Angriffssituationen kann es auch kommen, wenn Sie eine Katze nach einer Behandlung, Operation oder einem stationären Aufenthalt in der Klinik wieder nach Hause bringen. Mit dem neuen ungewohnten Geruch wird sie von den anderen nicht erkannt und als neue unbekannte Katze angesehen und angegriffen. Es gelten daher im Grunde die gleichen Bedingungen wie bei der Eingliederung von neuen Katzen.

Diese plötzlichen und heftigen Angriffe können bei der attackierten Katze eine Phobie auslösen und ein weiteres friedliches Zusammenleben unmöglich machen, und zwar unabhängig davon, ob die Katzen vorher jahrelang zusammenlebten oder sich zum ersten Mal begegnet sind.

Katzenwelpen lösen im allgemeinen geringere oder keine territorialen Reaktionen aus, aber das ist nicht garantiert. Katzenwelpen sind nicht grundsätzlich vor Angriffen geschützt

und es gibt keine Aggressionshemmung gegenüber Katzenwelpen.

Was man nicht tun sollte

Nun haben Sie eine ungefähre Vorstellung davon, was bei
einer Katzenbegegnung passieren kann und, dass es ausgenommen in den seltenen Fällen von offensivem Drohverhalten
und direkten Angriffen, keinen Grund gibt, einzugreifen.

Ausserdem gibt es da noch ein paar Dinge, die Sie besser
nicht tun sollten:

Keine Katze sollte bei Begegnungen mit einer anderen unbekannten Katze festgehalten werden. Sie nehmen ihr damit
jede Flucht- und Rückzugsmöglichkeit sowie fast alle Möglichkeiten ihrer Körpersprache. Die Gefahr, dass Sie von einer
Katze in Angst oder Panik verletzt werden, ist gross.

Es ist auch absolut keine gute Idee, den Abstand zwischen
den Katzen aktiv zu verringern und sie zueinander zu halten,
damit sie sich ansehen und beschnuppern müssen, frei nach
dem Motto: „Schau mal, wer da ist!" Dass sich die Katzen
nicht direkt ansehen und Distanz halten, quasi so tun, als ob
die andere Katze nicht da wäre, ist ein Akt der höchsten Diplomatie. Es ist unter Katzen eine ausgesprochene Unhöflich-
keit, ja sogar Bedrohung, gewisse Distanzen so rasch zu unterschreiten und sich direkt anzusehen. Zwingen Sie die Katzen
nicht zu einer solch masslosen Taktlosigkeit!

Bringen Sie eine Katze nach einer Narkose erst dann wieder mit anderen zusammen, wenn sie vollkommen wach ist,
sich normal bewegt und verhält und den Geruch ihres Heims
wieder angenommen hat. Bis zu diesem Zeitpunkt, je nach Art
der Narkose meistens ein bis mehrere Stunden, sollte die Katze noch beim Tierarzt oder bei Ihnen in häuslicher Pflege getrennt von den anderen Katzen sein.

Und nochmals: Es gibt keinen Grund einzugreifen, wenn die Katzen in mehr oder weniger geduckter Haltung umherschleichen, fauchen, knurren, sich gegenseitig Pfotenhiebe androhen oder tatsächlich verteilen.

Die ersten Tage und Wochen

Die erste Phase der Distanzierung kann einige Stunden, Tage oder mehreren Wochen dauern – das ist alles noch im Rahmen einer normalen Eingewöhnungsphase. Wenn auch nach sechs bis acht Wochen immer noch keine Gewöhnung stattgefunden hat und sich eine der betroffenen Katzen (entweder die neue oder eine der ansässigen Katzen) noch genauso distanziert wie bei der ersten Begegnung oder ängstlich oder aggressiv verhält, ist es sinnvoll, Massnahmen zu ergreifen.

Sehr viele Besitzer sind betroffen, traurig oder zweifeln an der Richtigkeit ihrer Entscheidung, eine weitere Katze aufzunehmen, wenn sich die ansässige(n) Katze(n) zurückzieht und den Kontakt nicht nur mit der neuen Katze, sondern auch mit ihnen ablehnt. Sie können beruhigt sein – es geht fast allen so und es ist normal. Ihre „alte" oder „erste" Katze ist nicht „beleidigt", auch wenn Sie das aus menschlicher Sicht heraus so interpretieren! Sie ist vielmehr verwirrt, verunsichert oder sogar etwas ängstlich. Ihr gewohnter Tagesablauf hat sich geändert und sie muss wachsam darauf achten, der neuen Katze nicht zu nahe zu kommen. Es gibt neue persönliche Gerüche in der Familie, mit denen auch Sie behaftet sind, da Sie ja die neue Katze streicheln und mit ihr spielen.

Es stellt sich die Frage, ob Sie nun der verunsicherten ansässigen Katze – gleichsam als Trost oder Ausgleich für das Vergrössern der Gruppe – mehr Aufmerksamkeit und Zuwendung zukommen lassen sollten oder nicht.

Wie wir noch sehen werden, spielt bei der Katze anders als beim Hund eine hierarchische Rangordnung keine Rolle. Somit gibt es auch keinen Grund die alteingesessene Katze der neuen „vorzuziehen". Für manche Katze kann es sogar noch zusätzlichen Stress und Verunsicherung bedeuten, wenn sie von Ihnen auch noch an ihren Rückzugsorten zu zeitlich und quantitativ ungewohnten Kontakten gezwungen wird.

Ganz allgemein ist es sinnvoller und für die Katzen eine Erleichterung, wenn sich am gewohnten Tagesablauf – von der Anwesenheit der neuen Katze abgesehen – möglichst wenig ändert.

Katzen, die eine sehr starke Bindung an ihren Besitzer haben unterliegen einem gewissen Konflikt. Einerseits ist das Bedürfnis nach sozialem Kontakt sehr gross und andererseits wollen sie keinen Kontakt mit der neuen Katze, die aber nunmehr ihr „Territorium" Besitzer mitbeansprucht. Nach wenigen Tagen überwiegt fast immer das Bedürfnis nach Kontakt und die Anwesenheit der anderen Katze wird akzeptiert ... solange sie wenigstens auf der gegenüberliegenden Seite sitzen bleibt, oder ausser unmittelbarer Sichtweite ist, weil eine der beiden Katze unter einer schützenden und trennenden Decke liegt.

Neben dem Besitzer als „öffentlichem" Treffpunkt mit hoher Anziehungskraft werden auch die Begegnungen an anderen allgemeinen Plätzen zunehmend neutraler. Am Futterplatz und beim Spiel wirken sich starke Motivationen und angenehme Erfahrungen wie besonders schmackhaftes Futter oder spannend-entspannendes Spiel positiv auf die Wahrnehmung der neuen Katze aus. Fressen oder Spielen hat auf einmal mehr Bedeutung als sich zu distanzieren. Dabei kommt man sich – ganz versehentlich und unabsichtlich natürlich – näher.

Tolerante Begegnungen auf neutralem Terrain in der Wohnung wie Durchgangswegen, Aussichts- und Spielplätzen werden alltäglich, das Fauchen und Knurren nimmt ab – die Katzen gewöhnen sich an die Anwesenheit der anderen.

Am längsten, manchmal sogar dauerhaft, bleibt die Distanzierung von Ruhe- und Schlafplätzen, an denen die Katzen isoliert sein wollen. Die Kratzmarkierungen vor solchen Rückzugszonen werden allerdings von den meisten Katzen respektiert.

Das Ende der Distanzierungsphase mit Fauchen und Rückzug endet und die Katzenbeziehung oder -freundschaft beginnt mit dem Begrüssen und gegenseitigem Markieren: Nase an Nase, gegenseitiges Putzen, Analkontrolle oder später Köpfchengeben und zeitweiliges Kontaktliegen.

Beziehungskisten unter Katzen

In diesem Kapitel geht es um die sozialen Beziehungen und Gesellschaftsstrukturen unter Katzen, wie sie geregelt werden und wie Katzen miteinander kommunizieren. Und es geht auch um die Frage, ob es unter Katzen eine Rangordnung gibt und wenn ja, welcher Art.

Unter freilebenden Hauskatzen kann man zwei grundlegende Arten sozialer Ordnungen beobachten: Bruderschaften und matriarchalisch aufgebaute Familiengruppen.

Bruderschaften

In der Pubertät werden junge Kater von ihren Müttern verjagt. Das ist biologisch sinnvoll, denn es verhindert die enge Inzucht. Die jugendlichen und halbwüchsigen Kater schliessen sich mit ihren Brüdern und anderen jungen Katern zusammen, denn von den weiblichen Katzen werden sie nur sehr selten in der Nähe der Nester und den inzwischen geborenen jüngeren Geschwister geduldet. Von erwachsenen und reifen Katern werden sie auch verjagt und regelmässig verprügelt, denn sie haben noch keinen Anspruch auf ein eigenes Revier und Vaterschaft. Somit bleiben sie häufig unter sich, ziehen umher und rangeln sich im Laufe von drei bis vier Jahren auf eine Position hoch, die ihnen letztlich die Möglichkeiten für ein eigenes Revier und die Fortpflanzung gibt.

Das ist mit einer der Gründe, warum Brüderpaare oder annähernd gleichaltrige Kater sehr gut miteinander auskommen. Das gilt unter Umständen sogar für unkastrierte Kater, spätestens mit der sozialen Reife ab dem dritten oder vierten Lebensjahr ist das friedliche Zusammenleben von Vollkatern vorbei.

Matriarchat

Die zweite Art der sozialen Organisation sind matriarchalisch aufgebaute Familiengruppen. Während die jungen Kater
vertrieben werden und abwandern, bleiben die Töchter von
sozialen Kätzinnen sehr oft in der Gruppe. So entstehen grosse
Gemeinschaftsnester, in denen die Katzenkinder aus verschiedenen Würfen von allen Kätzinnen – Grossmutter, Mutter,
Töchter, Tanten – gemeinsam gesäugt und versorgt werden.
Das fördert natürlich die Geselligkeit und sozialen Bedürfnisse
der Katzen enorm und Jungkatzen aus einer solchen Grossfa-
milie sind ideale Katzen für den Mehrkatzen-Haushalt.

Andererseits gibt es auch hin und wieder Fälle, in denen
auch die Töchter von ihrer Mutter ganz vehement und aggressiv bekämpft und schliesslich vertrieben werden.

Kommunikation

Aufgrund ihrer einzeln lebenden und jagenden Vorfahren in der Entwicklungsgeschichte findet bei der Katze sehr viel Kommunikation über indirekte Signale, die vor allem die Zeit, aber auch den Raum überbrücken, statt. Die direkte soziale Kommunikation zur Organisation des engen Zusammenlebens und zur Vermeidung oder Verringerung von Aggression in der Gruppe ist ganz offensichtlich nicht im selben Masse ausgeprägt wie beim sozial und in straffer hierarchischer Organisation lebenden Hund. Das kann aber auch an den wesentlich subtileren Ausdrucksformen der Katze und unseren Begrenzungen in der Wahrnehmung derselben beruhen.

Unsere mangelnde oder fehlende Wahrnehmung beginnt schon bei der Kommunikation mit Gerüchen und Pheromonen. Wie in *Miez, Miez – na komm!* detailliert beschrieben, ist uns Menschen die Geruchswelt der Katzen weitgehend verschlossen. Davon ausgenommen sind nur die wirklich harten Knüller wie Harnmarkierungen und das Sekret der Analbeutel, die bei grosser Angst unwillkürlich entleert werden.

Die für die Kommunikation und das Wohlbefinden von Katzen so wichtigen Gesichtspheromone, die zur Markierung von Gruppenmitgliedern dienenden Pheromone und die von den Pfotenballen und Drüsen zwischen den Zehen abgegebenen Duftstoffe sind für uns nicht wahrnehmbar.

Geruchsmarkierungen werden durch Reiben mit dem Kopf und Körper – Köpfchen geben – aber auch durch Kratzen an bestimmten Objekten und schon beim blossen Sitzen und Gehen hinterlassen. Später vorbeikommende Katzen können sehr wahrscheinlich andere Katzen an diesen verbliebenen Gerüchen und Anwesenheitsbekundungen erkennen.

Harnmarkieren kann, sehr zum Leidwesen der mitwohnenden Menschen, in zahlreichen Mehrkatzen-Haushalten eine durchaus übliche Form der Kommunikation sein.

In der direkten Kommunikation von Katze zu Katze kann man grundlegend zwei Arten von Signalen unterscheiden: Kontakt und Annäherung erwünscht oder aber unerwünscht.

In der unmittelbaren Kommunikation verständigen sich Katzen mit Körperhaltungen, Gesichtsmimik, Ohrenhaltung, Schwanzhaltung, Bewegungen und Distanzen aber auch mit der Stimme.

Bei der Beobachtung kommt es sehr oft auf die ganz feinen, nur kurz andauernden und geringfügigen subtilen Signale an. Manchmal können Sie die Aussage einer Katze erst an der Antwort der anderen Katze erkennen. Hier ein typisches Beispiel: eine Katze sitzt im Wohnzimmer, die andere betrit den Raum und die bereits anwesende Katze beginnt kurz darauf zu fauchen. Fast alle Besitzer gehen davon aus, dass die fauchende Katze die aggressive ist. Fauchen ist aber eine defensive Reaktion (auch an der Körperhaltung werden Sie das erkennen können) und dieser Antwort ist eine aggressive Äusserung oder Drohung der anderen Katze vorangegangen. Diese aggressive Botschaft kann extrem unauffällig sein und schon allein darin bestehen, einen Moment zu lange Blickkontakt zu halten oder gar nicht wegzusehen.

Eine andere häufige Beobachtung, die Sie im Mehrkatzen-Haushalt machen können, ist das Spiel mit persönlichen Distanzen. Jede Katze besitzt um sich herum einen individuellen persönlichen Raum mit einer unsichtbaren Grenze; im Durchschnitt rund ein Meter, aber es gibt Katzen, deren persönliche Distanz einige Meter beträgt. Diese Distanz und unsichtbare Grenze wird im allgemeinen respektiert und wenn eine andere Katze sie unterschreiten will oder muss, zum Beispiel um in Kontakt zu liegen oder an einem engen Durchgang, fragt sie höflich nach, ob es erlaubt ist. Wer ungefragt und unhöflich vorbeigeht, bekommt einen Pfotenhieb oder ein Fauchen.

Das „Fragen" besteht in einer langsamen Annäherung und einem leichten Senken des Kopfes. Die Katze, die den Durchgang blockiert wendet den Kopf ganz kurz ab und gibt damit den Weg frei. Die vorbeigehende Katze hebt meistens für einen ganz kurzen Moment den Schwanz und verlässt den persönlichen Raum wieder. Auch beim Kontaktliegen kommt es auf Langsamkeit und Höflichkeit an – es ist möglich der anderen Katze auf den Bauch zu steigen, nur langsam genug muss es sein; bei unwilligem Schnaufen, Knurren oder Hinschnappen verhalten sich höfliche soziale Katzen ganz still, beschwichtigend und unbeweglich, um dann neuerlich und zielstrebig den Kontakt zu suchen.

Zur Begrüssung und bei Begegnungen zwischendurch beschnuppern sich Katzen Nase an Nase und im zweiten Schritt beschnuppern sie sich in der durch den aufgestellten Schwanz freigegebenen Analregion. Kater, auch kastrierte, sind in dieser Hinsicht meistens etwas aufdringlicher, aber auch selbst aufgeschlossener, und interessierter an Analkontakt wie Kätzinnen.

Soziale Kontakte

In Abhängigkeit von der individuellen Geselligkeit variiert die Häufigkeit und Intensität von sozialen Kontakten. Die Skala reicht von extrem geselligen, fast schon vom Kontakt abhängigen Katzen über zwar prinzipiell soziale, aber unabhängige Katzen, die eher neben- als miteinander leben, bis zur territorialen ungeselligen Einzelkatze, die Sie hoffentlich nicht zum sozialen Leben nötigen.

Welche sozialen Kontakte pflegen Katzen, die miteinander leben ?

Kontaktliegen

Gesellige Katzen und insbesondere Kätzinnen liegen und schlafen gerne in direktem Körperkontakt. Beim Kontaktliegen reduziert sich die persönliche Distanz der Katze auf Null. Das hängt sehr wahrscheinlich mit der matriarchalischen sozialen Organisation zusammen. Regelmässiges Kontaktliegen ist ein Zeichen für eine gut funktionierende Struktur in der Gruppe. Selbst wenn es zwischendurch aggressive Phasen gibt, ist die Gesamtstimmung davon nicht so weit beeinträchtigt, dass freundliche Körperkontakte abgelehnt werden. An der Häufigkeit des Kontaktliegens kann man die Intensität einer Katzenfreundschaft einschätzen.

Allerdings ist das Kontaktliegen auch von Umweltbedingungen abhängig und kühle Umgebungstemperaturen wirken eindeutig fördernd auf das Bedürfnis sich sozial zu wärmen und in engem Körperkontakt zu liegen.

Gegenseitige Körperpflege

Meistens im Zusammenhang mit Kontaktliegen putzen sich befreundete Katzen auch gegenseitig.

Es gibt dabei verschiedene Rollen, die manchmal, aber nicht immer, getauscht werden. Einige aktive Katzen putzen und fordern von der geputzten Katze, dass sie stillhält, indem sie kurz und kontrolliert zubeissen oder sie sogar mit einer Pfote fixieren, wenn sie sich bewegt oder entziehen möchte.

Umgekehrt gibt es Katzen, die nur eine begrenzte Zeit geputzt werden wollen und dann den Kontakt abbrechen (vergleichbar der Aggression gegenüber Menschen, wenn sie zulange gestreichelt werden) – sie schnaufen, spannen sich etwas an und sehen die aktive putzende Katze direkt an. Wenn die andere Katze fröhlich weiterputzt, knurrt die gegen ihren Willen geputzte Katze, schnappt nach den Ohren, droht einen Pfotenhieb an oder schlägt tatsächlich zu. In manchen Fällen verlässt sie nach dieser Aggression den Ruheplatz und bricht den Kontakt mit der aufdringlichen Katze ganz ab.

Eine dritte Möglichkeit ist die Forderung nach Geputztwerden, indem sich die Katze annähert und ihren Kopf oder die Stirn der anderen Katze direkt präsentiert.

Und dann gibt es natürlich noch die Katzen, die sich gleichzeitig gegenseitig hingebungsvoll putzen bis die Haare zu Berge stehen, weil sie in ihrer verdrehten Haltung gerade nur gegen den Strich putzen können.

Soziales Spiel

Aus dem gegenseitigen Putzen entsteht mitunter ein gemeinsames Balgespiel. Mitten unter dem Putzen beisst eine Katze die andere seitlich in den Hals. Die andere Katze wehrt sich, beisst zurück und schon ist das „full contact" Kampfspiel im Gange. Die Positionen und Körperhaltungen im Spiel wechseln und nach einiger Zeit wird daraus eine Verfolgungs-jagd. Der Übergang vom eindeutigen Spiel zu aggressiveren Formen des Kampfspiels sind fliessend und nicht immer ganz leicht zu erkennen. Manche Katzen unterliegen sehr raschen Stimmungsumschwüngen und werden plötzlich aggressiv.

Ein wesentliches Kennzeichen für ein Spiel ist, dass die Rollen immer wieder wechseln und es zu keinen Verletzungen kommt. Die Signale zum Ende oder zur Distanzierung wie Fauchen und Knurren sollten vom Spielpartner respektiert werden.

In dem Augenblick, wo einer der Spielpartner Angst hat, sich regelmässig zurückzieht und die Rollen nicht mehr wech-seln, ist es kein Spiel mehr, sondern Ernst.

Aggressionen

Aggressives Verhalten ist in einer Katzengruppe durchaus normal. In Abhängigkeit vom Platzangebot und der Gesellig-keit der einzelnen Katzen wird immer wieder einmal zur Dis-tanzierung gefaucht oder ein Pfotenhieb verteilt. Solange da-

48

von nicht die gesamte Stimmung in der Gruppe beeinträchtigt wird und die positiven freundschaftlichen Kontakte wie Kontaktliegen und gegenseitiges Putzen überwiegen, sind diese Aggressionen kein Problem.

Kritisch wird die Lage allerdings, wenn einzelne Katzen entweder ständig von einer oder mehreren Katzen aus der Gruppe bedroht werden (Pariakatzen, Mobbing) und sich zurückziehen oder einzelne Katzen ständig aggressiv sind. Dann hilft nur die genaue Analyse und vor allem die verhaltensmedizinische Diagnostik weiter. Sowohl im einen wie auch im anderen Fall kann die betroffene Katze an einer Verhaltensstörung leiden. Hinweise dazu finden Sie im entsprechenden Kapitel.

Keine Kontakte

Es gibt Mehrkatzen-Haushalte, in denen einzelne wenig soziale Katzen praktisch keine Kontakte miteinander pflegen. Es gibt weder Aggression noch freundliche soziale Kontakte – man lebt nur nebeneinander, ignoriert sich geflissentlich und das konsequent. Es ist eine interessante Form der wohlorganisierten toleranten Koexistenz – die Katzen kennen sich zwar, pflegen aber keine wirkliche Beziehung miteinander. Für manchen Besitzer mit einem an problematischen Katzen-Beziehungskisten reichen Haushalt wäre diese Form der tolerant-ignoranten Koexistenz von Katzen schon das höchste der Gefühle.

Ein kleiner Test

Sie können versuchen, die sozialen Beziehungen in Ihrer Katzengruppe zu analysieren. Dazu nehmen Sie ein Blatt Papier und ein paar Buntstifte. Für jede Katze in Ihrem Haushalt reservieren Sie einen Platz, den Sie mit dem Namen der Katze oder einem Buchstaben kennzeichnen. Dann stellen Sie die Beziehungen der Katzen mit bunten Pfeilen dar. Für jede soziale Aktivität wie Kontaktliegen, gegenseitig Putzen, gemeinsames Spiel und Aggression nehmen Sie eine eigene Farbe. Die Pfeilspitze gibt an, wer das Verhalten initiiert bzw. an wen es gerichtet ist und mit der Linienstärke können Sie die Intensität oder Häufigkeit eines Verhaltens darstellen. Es ist erstaunlich, wie aufschlussreich diese kleine Zeichnung von sozialen Beziehungen sein kann.

Rangordnung und Hierarchie ?

Gibt es eine Rangordnung oder Hierarchie unter Katzen ? Gibt es tatsächlich dominante und untergeordnete Katzen in einer Gruppe ?

Auch auf diese Frage gibt es aktuell noch keine end- und allgemeingültige Antwort. Zum einen müsste das Lebensumfeld der Katze berücksichtigt werden. Freilebende Katzen auf einem Bauernhof oder in einer nur durch den Futterplatz definierten Gruppe leben und organisieren sich anders als Katzen, die auf begrenztem Raum im Haus oder in der Wohnung wirklich zusammen leben müssen. Es gibt in dieser Hinsicht mehr als nur „die" Katze und das Ethogramm (Gesamtheit des Verhaltens) der im Haus oder in der Wohnung gehaltenen kastrierten Katze unterscheidet sich in gewissen Punkten von dem freilebender Katzen.

Zum anderen müsste der Begriff Rangordnung oder Hierarchie definiert werden, bevor man die sozialen Strukturen der Katze diesem Begriff zuordnet.

In einer Hierarchie mit dominanten und dominierten (untergeordneten) Mitgliedern sind die dominanten Individuen bei aggressiven Begegnungen, beim Zugang zum Futter, zu Sexualpartnern, zu Ruheplätzen und anderen Objekten, die das Überleben und die Fortpflanzungsfähigkeiten fördern, überlegen.

Im Sinne dieser Definition gibt es unter Katzen keine hierarchische Rangordnung wie sie unter Hunden beziehungsweise aus Mensch und Hund zusammengesetzten Familien-Meuten nach dieser Definition eindeutig existiert.

Die Katze benötigt keine hierarchische Struktur, um die gemeinsame Jagd und das Leben im Rudel zu organisieren, denn sie jagt alleine. Und für die gut gefütterte, kastrierte Wohnungskatze mit freiem Zugang zu Bett und Bügelwäsche gilt diese Definition schon gar nicht.

Das bedeutet jedoch nicht, dass Katzen keine soziale Struktur in ihrer Gruppe haben. Ganz im Gegenteil!

Betrachten wir einige der Kriterien nach denen Katzen ihr Zusammenleben organisieren.

Zur richtigen Zeit am richtigen Ort

Zur richtigen Zeit am richtigen Ort zu sein, ist wahrscheinlich einer der wichtigsten Punkte für eine überlegene Position. Diese kann sich allerdings schon im nächsten Moment ins Gegenteil wandeln und eine, gerade noch „dominante" Katze, hat jedes Vorrecht verloren. Somit unterliegt diese Ordnung einer starken Fluktuation – die Positionen sind nicht nur von der Katze und ihrer Persönlichkeit sondern in hohem Masse von den Umständen abhängig. Diese Regel ist oft an gemeinsam benützten Wegen und Durchgängen zu beobachten – Katzen, die zur unüblichen Zeit vorüberkommen, werden verjagt.

Wer zuerst kommt, hat Vorrang

Die Katze, die zuerst da war, hat im allgemeinen Vorrang. Dieser Punkt scheint durch das erste Kriterium unterstützt zu werden – wer zuerst da war, ist derjenige, für den in vielen Fällen offensichtlich automatisch die vorige Bedingung gilt. Ein Beispiel: wird ein gerade bevorzugter persönlicher Schlafplatz von einer anderen Katze besetzt, dann hat diese im allgemeinen eine bessere Position, auch wenn das zu diesem Zeitpunkt nicht ihr üblicher Schlafplatz ist, und die später kommende Katze hat das Nachsehen.

Katzen, die Durchgänge mit ihrer persönlichen Distanz blockieren, sind in der überlegenen Position.

Wer höher sitzt, ist überlegen

Die Katze, die sich räumlich höher befindet, ist praktisch immer in der besseren Position. Katzen sitzen generell gerne an erhöhten Aussichtsplätzen und unsichere Katzen oder Katzen mit Angststörungen ziehen sich manchmal gänzlich in die höheren Regionen des Kleiderschranks oder Kratzbaums zurück. Dort befinden sie sich in einer relativ sicheren Lage.

Aktivität und Passivität

Aktive und extrovertierte Katzen sind praktisch immer selbstbewusste Katzen und sind damit einer passiveren oder weniger selbstbewussten, introvertierten Katze überlegen. Es sind diese Katzen, die von ihren Besitzern als „dominant" charakterisiert werden.

Aktive Kater sind sehr direkt und offensichtlich in ihren Einschüchterungsaktionen – sie beissen andere Katzen ins Genick und halten sie fest, bis sie schreien und sich wehren oder springen sie mit zwei Vorderpfoten an. Nicht selten folgen noch Pfotenhiebe.

Es hat absolut keinen Sinn, die üblichen Ratschläge aus der Hundehaltung zu übernehmen und die aktive, oder sogar aggressive Katze gegenüber der passiven Katze zu bevorzugen. Ganz im Gegenteil – passive, unsichere Katzen können durch Kontakt und Spiel mit Ihnen das dringend nötige Selbstbewusstsein gewinnen.

Das Vorrecht der aktiven gegenüber der passiven Katze kann man häufig im Zusammenhang mit der Fütterung, im Kontakt mit Menschen und beim Spiel beobachten.

Angst und Terror

Die soeben beschriebene Konstellation mit selbstbewussten, aktiven Katzen und passiven, unsicheren Katzen kann sehr leicht zu einer unerträglichen Terrorbeziehung degenerieren. Die Demonstrationen von Überlegenheit und aggressive Interaktionen nehmen überhand. Die passive Katze wird, wo sie geht und steht, belauert und an ausweglosen Plätzen „festgenagelt", indem die aktive Katze mit ihrer persönlichen Distanz den Weg blockiert. Ein permanenter Angstzustand mit allen seinen möglichen Symptomen bei der passiven Katze ist die Folge; vor allem wenn Sie die aktive Katze auch noch unterstützen.

Dies ist keine normale und funktionelle Sozialstruktur mehr, sondern viel eher eine systemische psychische Störung, die behandelt werden sollte. Eine detaillierte Beschreibung der verschiedenen Phasen und Symptome finden Sie im Kapitel über die Probleme und Verhaltensstörungen.

Zusammenfassung

Keine dieser Spielregeln ist unter allen Umständen und in allen Katzengruppen gültig. Es gibt es Katzengruppen, die mit nur einer, zwei oder je nach Situation und Umstand mit allen diesen Regeln organisiert sind.

Es wird sich daher in jeder sozialen Gruppe von Katzen eine individuelle und für diese Gruppe typische soziale Organisation finden lassen. Wenn Katzen aus der Familie verschwinden oder neue hinzukommen, kann sich die gesamte soziale Struktur komplett und manchmal völlig unvorhersehbar ändern. Auch Erkrankungen, Schreckerlebnisse, die Phobien auslösen und das Altern einer Katze kann die soziale Ordnung gänzlich umstürzen lassen. Ehemals aktive und selbstbewusste Katzen ziehen sich ängstlich zurück und die früheren „Prügelknaben" gewinnen an Selbstbewusstsein und demonstrieren plötzlich eine nie gekannte Überlegenheit.

Die „Rangordnung" in einem Mehrkatzen-Haushalt ist also alles andere als stabil und dauerhaft. Sie wird von unzähligen Faktoren, wie dem Zeit-Raum-System, den sozialen Kontakten und der Persönlichkeit der Katze, aber mit Sicherheit auch von für uns nicht erkennbaren Variablen beeinflusst.

Die soziale Struktur in Katzengruppen ist vielmehr labil und jede Veränderung in der Anzahl der Katzen und somit auch der Anzahl der Beziehungen kann Auslöser für das Zusammenbrechen dieser fragilen Struktur sein.

Anstatt die Idee einer sozialen hierarchischen Rangordnung durch Bevorzugen von aktiven Katzen zu verfolgen, ist es wichtiger, das Lebensumfeld der Katzen zu strukturieren und aktiv zu organisieren.

Wie Sie die Alltagsorganisation in der Katzengruppe beeinflussen und die Umwelt katzengerecht gestalten können, erfahren Sie in den beiden folgenden Kapiteln.

Organisation ist
das halbe Katzenleben!

Genaugenommen ist es nicht nur das halbe, sondern das ganze Katzenleben. Die Katze ist, auch als soziale und gesellige Katze, immer noch ein territoriales Tier. Neben der dreidimensionalen Struktur ruht das Leben der Katze auch noch auf der vierten Säule, dem virtuellen Territorium der Zeit und der fünften Säule der sozialen Beziehungen. Dieses fünfdimensionale System, die fünf Säulen, geben der Katze Sicherheit und Wohlbefinden.

Wie Sie schon aus dem vorhergehenden Kapitel wissen, bezieht die Katze aus der Tatsache „zur richtigen Zeit am richtigen Ort zu sein" soziale Sicherheit und Überlegenheit.

Was bedeutet das nun praktisch?

Die Katze hat einen recht stabilen Tagesplan. Sie hat auch, wie Sie bestimmt schon bemerkt haben, ein sehr gutes Zeitgefühl. Man könnte einfach sagen, sie ist ein – neugieriges – Gewohnheitstier.

Leben mehrere Katzen in einem Haushalt miteinander, greifen die einzelnen Aktivitäten wie ein Zahnradsystem ineinander oder überlappen sich als geteilte Aktivität wie zum Beispiel gemeinsames Schlafen, Spielen oder Fressen. Mit dieser Organisation im Sinne eines Timesharing reduzieren sich Konflikte und Konfrontationen im Alltag auf ein Minimum. Katzen sind nämlich grundsätzlich sehr an Diplomatie und Konfliktvermeidung interessiert.

Erscheint nun ein neuer Teilnehmer im Spiel, ist das ganze sensible und ausgefeilte fünfdimensionale Timesharing-System gestört. Weder die ansässigen Katzen noch die neue wissen dann, ob sie gerade zur richtigen Zeit am richtigen Ort sind oder nicht. Bis sich die neue Katze in das Spiel von

Raum, Zeit und sozialen Beziehungen integriert hat, können je nach Flexibilität und Persönlichkeit der beteiligten Katzen bis zu sechs Wochen vergehen.

Interventionen und zeitweiliges Trennen der Katzen aus Sorge, dass sie sich bei unerwarteten – hoppla, falsche Zeit und falscher Ort! – Begegnungen verletzen könnten, verzögern diesen Prozess. Im schlimmsten Fall wird er dadurch sogar ganz verhindert. Und wie Sie schon wissen – bei einer normalen Distanzierungsaggression steht die Konflikt- und Kontaktvermeidung im Vordergrund.

Dauert der Gewöhnungs- und Eingliederungsprozess, obwohl Sie nicht eingegriffen haben, deutlich länger, hat möglicherweise mindestens eine der Katzen eine psychische Störung, zum Beispiel eine Angststörung, die einen normalen Gewöhnungsprozess beeinträchtigt. Eine andere Ursache für die andauernde Krise kann der Versuch sein, unpassende, nicht soziale oder sich unsympathische Katzen zum Zusammenleben zu zwingen. Und zuletzt wird natürlich auch das vorhandene Raumangebot sowohl in der zweiten wie auch dritten Dimension die Möglichkeiten der Katzen ein gemeinsames Leben zu organisieren mitbestimmen.

Wie wird organisiert ?

Mit welchen Mitteln und Methoden können sich Katzen organisieren ? Wie bereits im Abschnitt über die Kommunikation angesprochen stehen den Katzen mehrere Möglichkeiten der direkten und indirekten Kommunikation zur Verfügung.

Kratzmarkierungen

Das sogenannte „Krallenschärfen" dient in erster Linie nicht diesem Zweck, sondern vielmehr der Kommunikation mit sicht-, hör- und riechbaren Signalen.

Kratzmarkierungen werden in der Nähe der Ruhe- und Isolationszonen angebracht und von anderen Katzen gleichsam als Anwesenheits- oder Besetztzeichen respektiert.

Gekratzt wird aber auch demonstrativ in Anwesenheit anderer Katzen (oder Menschen), um Selbstbewusstsein, Überlegenheit oder Spiellaune zu zeigen.

Gesichtspheromone

Mit Gesichtspheromonen werden Ecken, Kanten, neue Objekte und soziale Partner wie andere Katzen, Menschen oder auch Hunde markiert. Es entsteht eine vertraute und familiäre Atmosphäre, in der sich die Katzen entspannen können.

Das räumliche und soziale System erhält durch diese Pheromonmarkierungen eine für uns nicht wirklich vorstell- und erfassbare, weil völlig unsichtbare Struktur.

Unkastrierte Kater haben in den Gesichtspheromonen eine sexuell aktivierende Komponente, die Harnmarkieren auslösen kann.

Harnmarkierungen

Im Mehrkatzen-Haushalt ist das Risiko für Harnmarkierungen wesentlich erhöht. Sehr zum Leidwesen für den Besitzer strukturieren manche Katzen ihr Umfeld mit Harnmarkierungen, die sie regelmässig wieder auffrischen. Harnmarkieren kann der diplomatische Ausdruck einer aggressiven, aber indirekten Auseinandersetzung sein.

Andere Pheromone

Wo sie sitzt, geht und steht hinterlässt jede Katze Spuren von Pheromonen, die von den Schweissdrüsen an den Pfotenballen produziert werden. Sie können immer wieder beobachten, dass der soeben verlassene Sitzplatz oder der Weg einer Katze von einer anderen eingehend beschnuppert und untersucht wird.

Ähnliches gilt für die an Sitzplätzen von den Analbeuteln und Drüsen rund um den After und Schwanzansatz abgegebenen, quasi wie ein Stempel hinterlassenen, Spuren von Pheromonen, die in den meisten Fällen sogar Flehmen auslösen.

In höchster Angst und Panik entleeren Katzen unwillkürlich das intensiv riechende Sekret ihrer Analbeutel. Die dabei freigesetzten, von Katzen noch in höchster Verdünnung wahrnehmbaren Geruchsstoffe versetzen alle anderen Katzen ebenfalls in höchste Alarmbereitschaft und bewirken, dass der betreffende – offensichtlich gefährliche – Ort gemieden wird.

Anwesenheit und soziale Distanz

Ein direktes, wenn auch sehr subtiles und für uns Menschen unscheinbares Ausdrucksmittel ist die simple Anwesenheit an einem bestimmten Ort. Es passiert rein gar nichts Auffälliges – und dennoch – es wird eindeutig kommuniziert. Jede Katze hat um sich einen individuellen Raum, dessen unsichtbare Abgrenzung von anderen Katzen ganz offensichtlich wahrgenommen werden kann.

Indem sich eine Katze an einen Durchgang setzt, und sei es auch nur ganz am Rand, kann sie den gesamten Weg blockieren, weil sie den „Durchgang" durch ihren persönlichen Raum verbietet. Die andere Katze muss warten, wenn es keinen alternativen Weg gibt oder das Risiko einer Aggression auf sich nehmen, wenn sie das „Durchgangsverbot" missachtet. Auf diese Weise kann der Zugang oder auch das Verlassen der Katzentoilette, allgemeine „öffentliche" Wege in der Wohnung oder auch das Benutzen von bestimmten Plätzen blockiert werden.

Lifestyle im Mehrkatzen-Haushalt

In diesem Kapitel werde ich nur mehr auf die Besonderheiten der katzengerechten Wohnraumgestaltung im Mehrkatzen-Haushalt eingehen. Ganz grundsätzlich gilt für das Zusammenleben mit vielen Katzen alles, was auch im Zusammenleben mit ein oder zwei Katzen wichtig ist. Es gibt jedoch manche Besonderheit, die Sie wissen oder berücksichtigen sollten, um ein friedliches Zusammenleben zu unterstützenIn einigen Lebensbereichen können Sie als Besitzer sichere Fixpunkte setzen, die den Alltag der Katzen strukturieren. Das gilt insbesondere, wenn sich die Katzen in Aktivität und Selbstbewusstsein stärker unterscheiden und eine Tendenz zu übertriebener Kontrolle durch eine oder mehrere Katzen auffällt.

Wer zuletzt kommt ...?

Der Futterplatz und die Zeit der Fütterung sollte für alle Katzen im Haushalt ein sicherer „Raum" sein, in dem passive Katzen keine mehr oder weniger subtilen Aggressionen von aktiveren selbstbewussten Katzen fürchten müssen.

Die einfachste Möglichkeit, das zu gewährleisten ist die sogenannte restriktive Fütterung, bei der jede Katze ihren Platz, ihre Futterschüssel und ihr eigenes Futter hat. Natürlich erfordert das ein wenig Erziehung und Kontrolle – die Vorteile dieser Fütterungstechnik liegen trotzdem auf der Hand:

❏ Jede Katze bekommt ihre Ration – es kann die Menge und Art des Futters individuell zugeteilt werden, wenn eine der Katzen eine bestimmte Diät benötigt oder zu Übergewicht neigt. Es kann sogar die Mahlzeit einer Katze ausfallen, wenn sie zum Beispiel wegen Durchfall oder für eine Narkose nüchtern bleiben muss, ohne dass alle anderen Katzen hungern müssen.

❏ Der Appetit und das Fressverhalten jeder Katze können beobachtet werden – es fällt bereits bei der ersten verweigerten Mahlzeit auf, dass mit einer bestimmten Katze möglicherweise etwas nicht in Ordnung ist. Leider passiert es immer wieder, dass untergewichtige oder kranke Katzen in der Praxis vorgestellt werden und es gibt keinerlei Informationen darüber, ob und wielange diese Katze nicht frisst oder ob sie eventuell dauernd zu kurz kommt, weil ihr der Zugang zum Futterplatz von anderen Katzen verboten wird.

❏ Sicherheit – jede Katze kann sich zu diesen Zeiten und an diesen Orten sicher fühlen und frei von sozialem Stress satt werden.

Der Nachteil der restriktiven Fütterung ist, insbesondere wenn nur wenige, ein oder zwei Mahlzeiten, angeboten werden, dass sie nicht ganz den natürlichen Bedürfnissen von Katzen entspricht. Katzen neigen dazu, mehrere, dafür aber kleine Mahlzeiten zu sich zu nehmen. Hunger und mangelnde Beschäftigungs- oder Jagdmöglichkeiten können das Aggressionsniveau zwischen den Mahlzeiten bei bestimmten Katzen erhöhen. Versteckte Zwischenmahlzeiten, die sich die Katzen selbst „organisieren" müssen, sind in diesen Fällen ein guter Kompromiss.

In der Eingewöhnungsphase ist die restriktive Fütterung eine gute Möglichkeit, Katzen aneinander zu gewöhnen, indem man den Abstand zwischen den Futterschüsseln ganz langsam aber stetig verringert.

In sehr ausgeglichenen harmonischen Katzengruppen mit ausreichend Raum ist die Fütterung bei ständigem Futterangebot (sogenannte ad libidum Fütterung) eine katzengerechte Option. Voraussetzung ist, dass keine der Katzen eine besondere Diät benötigt und bei allen Katzen das natürliche Sättigungssignal funktioniert.

Für diese Fütterungsstrategie eignet sich in erster Linie Trockenfutter, das der Ernährungsphysiologie der Katze angepasst, einen hohen Proteingehalt (bei hoher Qualität) und einen niedrigen Energiegehalt hat.

Es sollten den Katzen auf jeden Fall mehrere Futterplätze zur Verfügung stehen, sodass der Zugang zum einzigen Futterplatz nicht blockiert werden kann. Am besten verändern Sie die Plätze (immer einen nach dem anderen) regelmässig, dann lernen die Katzen mit kleinen Veränderungen des Alltags flexibler umzugehen. Bei der Umstellung auf diese Fütterungsstrategie dauert es ungefähr ein bis zwei Wochen bis sich bei allen Katzen ein Sättigungssignal einstellt. Mit einer geringen Gewichtszunahme (10% sind akzeptabel, wenn die Katzen vorher normalgewichtig waren) muss man ebenso wie mit einer erhöhten Frequenz von Erbrechen (unmittelbar dem Fressen) rechnen.

Ein Katzenklo für mich allein ?

Genauso wie das Grundbedürfnis Fressen sollten auch für das Ausscheidungsverhalten sichere und störungsfreie Zonen zur Verfügung stehen. Ansonsten wird es ganz unweigerlich Unsauberkeitsprobleme geben, weil sich eine oder mehrere Katzen auf der Katzentoilette bedroht fühlen.

Über die grundsätzlichen Anforderungen an die Katzentoilette finden Sie in *Miez, Miez – na komm!* ein ganzes Kapitel.

Soviel zur Wiederholung: Die optimale Anzahl an Katzentoiletten ergibt sich aus der Anzahl der Katzen plus eins. Also zum Beispiel sechs Katzentoiletten für fünf Katzen. Solange sich Ihre fünf Katzen friedlich mit zwei regelmässig gereinigten Katzentoiletten begnügen und alle Katzen sauber sind, könnten Sie diese Regel ignorieren. Spätestens im Fall von Unsauberkeit, Harnmarkieren oder anderen sozialen Problemen in der Gruppe sollten Sie in Ihrem eigenen Interesse an einer sauberen Wohnung auf diese Grundregel zurückkommen.

Neben der entsprechenden Anzahl ist für den Mehrkatzen-Haushalt auch der Ort der Katzentoilette entscheidend. Ein in einer Sackgasse wie einem Abstellraum, der Toilette oder dem Badezimmer aufgestelltes Katzenklo kann unter Umständen konsequent verweigert werden, wenn eine der Katzen beim Betreten oder Verlassen des Katzenklos oder des Raumes beobachtet oder bedroht wird.

Optimal sind Standorte, die mehr als einen Fluchtweg, eventuell auch nach oben, offen lassen, der nicht mit der persönlichen Distanz (rund 75 – 120 cm) blockiert werden kann. Ähnlich günstig sind Standorte, von denen aus die sich in der Toilette befindliche Katze frühzeitig das Annähern einer anderen Katze sehen kann, ohne dabei selbst zuerst gesehen zu werden.

Beim Verlassen der Katzentoilette starten viele Katzen sehr schnell und laufen ein kurzes Stück. Aktive unterbeschäftigte

Katzen nehmen dies häufig als Anlass für eine kleine Verfolgungsjagd und belauern die zunehmend verunsicherte Katze bereits, wenn diese aus dem Klo springt.

Je weiter voneinander entfernt – in verschiedenen Räumen, Etagen, etc. – die Katzentoiletten aufgestellt sind, desto schwieriger wird es für aktive Katzen, alle gleichzeitig zu überwachen und die weniger selbstbewusste Katze kann sich ungestört zum Harn- oder Kotabsetzen zurückziehen.

Dazu sollte aber noch ein nicht unwesentlicher Faktor bedacht werden: im Katzenklo zu scharren verursacht ein ziemlich charakteristisches Geräusch und wirkt geradezu als Alarmsignal und Einladung für andere Katzen in der Gruppe. Um keine Aufmerksamkeit auf sich zu ziehen, vermeiden belauerte Katzen das Graben in der Streu und bedecken ihre Ausscheidungen nicht. Das verdächtige Geräusch lässt sich natürlich auch vermeiden, wenn man die Katzentoilette erst gar nicht betritt, sondern gleich den glatten Fliesenboden oder die Badematte als alternative Unterlage benützt. Abhilfe schafft in diesem Fall geräuscharme sehr feinkörnige Einstreu oder Erde, Sägespäne, Sand.

Grundsätzlich sollte in allen Unsauberkeitsfällen neben der Optimierung des Katzenkloangebots auch die körperliche und psychische Verfassung der Einzelkatze und das soziale System überprüft und gegebenenfalls behandelt werden.

Spielen

Abwechslung und Anregung durch Jagdspiele sind auch im Mehrkatzen-Haushalt wichtig. Neben dem sozialen Spiel – Abfangen, Verstecken, Rangeln und Kampfspiele gibt es auch noch Objektspiele, die eigentlich die jagdliche Beschäftigung in der Wohnung ersetzen. Das ist eine Spielart, die nur von Ihnen als Besitzer inszeniert werden kann.

Wesentlich dabei ist, zu wissen, dass Katzen Einzeljäger sind und durch die Anwesenheit von anderen Katzen, auch befreundeten, bei der Jagd irritiert werden.

Aktive Katzen spielen die überlegteren zögernden Mitglieder in der Gruppe an die Wand. Schüchterne Katzen sind oft zu langsam und in der Bewegung gehemmt und kommen beim Jagdspiel nicht zum Zug.

Daher ist es sinnvoll, eine bestimmte Spielreihenfolge einzurichten. Sie beginnen das Spiel automatisch mit ein oder zwei der aktivsten und schnellsten Katzen, während die weniger selbstbewussten wahrscheinlich in der Peripherie sitzen und zusehen. Wenn das Spiel abflaut, nach 15 bis 20 Minuten, sperren Sie die aktive(n) Katze(n) in einen anderen Raum oder setzen sie unter einen umgedrehten Wäschekorb. Nun haben die langsamen und schüchternen Katzen endlich die Möglichkeit, in ihrer eigenen Geschwindigkeit zu spielen und aktiv zu werden. Je nach Grösse Ihrer Gruppe kann das ein oder mehrere „Leistungsgruppen" mit je ein bis zwei Katzen ergeben.

Regelmässiges Spiel steigert vor allem bei unsicheren und ängstlichen Katzen das Selbstbewusstsein.

Interaktives Spiel in der Eingewöhnungsphase fördert die Kontaktaufnahme zwischen den Katzen. Sie sind dabei abgelenkt und so sehr in das aufregende Spiel vertieft, dass sie ganz vergessen haben, die andere anzufauchen. Voraussetzung dafür ist aber, dass die Katzen in ihrem Spieltemperament einigermassen ausgeglichen sind, denn sonst bleibt immer eine der Katzen als Zuschauer im Abseits.

My home...

Ausreichend Rückzugs- und Isolationsplätze mit Sichtschutz sind für den Mehrkatzen-Haushalt enorm wichtig. Wenn Freilauf nicht möglich und je geringer die Wohnfläche ist, je mehr Katzen und je unsozialer die Katzen sind, desto wichtiger werden diese ganz privaten Zonen.

Selbst sehr gesellige Katzen haben zeitweise das Bedürfnis zu „verschwinden" und für unsichere oder ängstliche Katzen ist diese Möglichkeit zur Erholung noch wichtiger.

Ein wichtiges und grundlegendes Kriterium für alle interessanten Sitzplätze ist, dass sie keine Sackgassen sind. Sie sollten nach Möglichkeit immer darauf achten, dass mindesten zwei Wege zur Verfügung stehen, sodass eine Katze nicht in einer ausweglosen Situation „festgenagelt" und bedroht werden kann.

Erhöhte Sitzplätze sind nicht nur als Aussichtsposten beliebt, sondern sie vermitteln der Katze auch Sicherheit. Wer höher sitzt, ist in der besseren Position – zumindest für diesen Moment.

Begegnen sich zwei Katzen in konfliktträchtiger Stimmung oder wird eine Katze von einer anderen verfolgt, können sie diesen Konflikt regeln und beenden, indem zum Beispiel die unterlegene Katze, eine Möglichkeit findet, auf einen Sessel, ein Regal oder einen anderen erhöhten Platz zu springen.

In Gruppen mit unausgeglichenen Charakteren – sehr aktive und passive Katzen – kann mit genügend Verstecken und Rückzugsraum ein wenig ausgeglichen werden.

Höhlenartige Verstecke bieten bedrohten oder verfolgten Katzen eine sichere Zuflucht, in der sie nicht attackiert werden können. Am einfachsten für diesen Zweck sind Kartons, die Sie nach Bedarf und strategisch günstig verteilen. Wichtig dabei ist, dass der Eingang seitlich und nicht oben ist und dass der Karton tief genug ist, sodass die ganze Katze darin verschwinden kann. Vor einem Karton zu sitzen und praktisch keine Reaktion vom Opfer zu erhalten ist nur halb so lustig, wie eine unsichere fauchende Katze in eine Ecke zu drängen und sie zu bedrohen und mit den Pfoten anzuspringen.

Solange diese Rückzugszonen nur zeitweilig und in Konfliktsituationen aufgesucht werden, sind sie durchaus funktionell, verbessern und strukturieren ein begrenztes Territorium.

Werden einzelne Katzen permanent bedroht und können diese angebotenen Fluchtpunkte nicht mehr verlassen, ist diese Massnahme der Raumstrukturierung nicht mehr ausreichend, um das Wohlbefinden der Katze zu sichern.

Eine weitere Zufluchtsmöglichkeit sind Sie als Besitzer. Anders als bei Hunden dürfen Sie einer unsicheren Katze durchaus helfen und – Sie sollten es sogar tun. Es gibt unter Katzen keine auf Privilegien aufgebaute Rangordnung, die Sie damit stören könnten.

Es ist vielmehr so, dass es in jedem Territorium neutrale, öffentliche Zonen gibt, die frei von Konflikten sind und von jeder Katze benutzt werden dürfen. Da Sie Ihre Katzen zwingen, in einem begrenzten Revier, ohne Wahl- und Entscheidungsmöglichkeiten (es sei denn eine Ihrer Katzen hat die Gelegenheit ergriffen und ist ein paar Häuser weiter übersiedelt) zusammenzuleben, ist es nur recht und billig, wenn Sie sich selbst als eine dieser neutralen, konfliktfreien Zonen sehen. Jede Ihrer Katzen hat das Recht auf ungestörten Kontakt und Schmusezeiten mit Ihnen, egal ob sie es aktiv fordert oder die Tendenz hat, sich zurückzuziehen, wenn eine selbstbewusste Katze sie vertreiben möchte.

Typische Probleme
und Verhaltensstörungen im
Mehrkatzen-Haushalt

In vielen Mehrkatzen-Haushalten leben nun bereits Katzen zusammen, die nicht wirklich zusammenpassen. Die vorbeugenden Ratschläge und Informationen helfen jetzt nicht mehr weiter. Möglicherweise ist Ihr Haushalt einer davon – Ihre Katzen leiden und Sie leiden auch.

Das nun folgende Kapitel behandelt die häufigsten Probleme und psychische, systemisch-soziale Störungen bei Katzen im Mehrkatzen-Haushalt und im anschliessenden nächsten Kapitel die aktuellen und modernen Therapiemöglichkeiten.

Um Ihnen einen praktischen Zugang zu ermöglichen, ist dieser Abschnitt nach den wichtigsten Symptomen geordnet. In der modernen Verhaltensmedizin oder Veterinärpsychiatrie werden Krankheiten, wie in der Allgemeinmedizin auch, durch mehrere Symptome beschrieben. Somit können einzelne Störungen unter mehreren Symptomen auftauchen; sie werden jedoch nur einmal unter einem wesentlichen Symptom behandelt und unter den anderen Symptomen wird darauf verwiesen.

Es können durchaus mehrere Störungen gleichzeitig auftreten – die Abgrenzung und genaue Definition ist eine eher akademische denn praktische Frage.

Normal oder krank ?

Dies ist eine wichtige Fragestellung beim Auftreten von Verhaltensstörungen: Ist die Katze normal und psychisch ausgeglichen oder leidet sie an einer Erkrankung, einer psychischen Störung ?

Die Antwort kann entscheidende Auswirkungen auf den Umgang mit dem Problem und die Behandlung der Katze haben.

Verhält sich die Katze normal, wird sie als psychisch gesund und ausgeglichen eingestuft, kann es doch wohl nur am Besitzer, seinem Verhalten und seinen Vorstellungen, an der Umwelt oder an anderen äusseren Dingen liegen, dass dieses Problem auftritt.

Betrachtet man die Katze als erkrankt, an einer psychischen Störung oder Erkrankung leidend, dann liegt die Ursache nicht ausschliesslich und unbedingt nur beim Besitzer, an der Umwelt und den Lebensbedingungen.

Im wirklichen Leben ist diese Trennung natürlich nicht immer so strikt und die Faktoren beeinflussen sich gegenseitig. Nur selten wird eine Störung durch einen einzigen Grund verursacht – es sind immer mehrere Einzelfaktoren, die in ihrer Gesamtheit auslösend wirken.

Wann ist eine Katze normal ?

Normal ist ein unglücklich gewählter Begriff, denn er bezieht sich auf eine Norm. Normen sind willkürlich festgelegte Kriterien, die auf menschlichen Wertvorstellungen beruhen. Katzen, die sich ausserhalb dieser Norm verhalten, werden dann nach diesen menschlichen Massstäben als „eifersüchtig", „protestierend" oder „herrschsüchtig" beurteilt.

Daher ist es sinnvoller, den Begriff „physiologisch" zu verwenden.

Ein Katze verhält sich physiologisch, wenn sie ihr Verhalten, natürlich innerhalb ihrer artspezifischen Möglichkeiten,

❑   an veränderte Gegebenheiten anpassen kann
❑   lernfähig ist

❏ sich an neue Katzen gewöhnen kann

Handlungen und Reaktionen – also Verhalten – führen zu einem Gleichgewichtszustand, und somit Wohlbefinden, zurück.

Wann ist eine Katze psychisch krank ?

Im Gegensatz zur „normalen" Katze wird die psychisch kranke Katze vielfach als „gestört", „abnormal", „boshaft" oder „nicht ganz dicht" bezeichnet.

Es ist wiederum sinnvoller, den korrekteren Begriff „pathologisch" zu verwenden.

Katzen, die sich pathologisch verhalten,

❏ können sich nur begrenzt oder gar nicht an veränderte oder neue Umstände anpassen

❏ lernen nur langsam oder gar nichts Neues

❏ gewöhnen sich nicht an neue soziale Beziehungen

Diese Katzen bleiben in eingefahrenen Verhaltensmustern stecken, sie sind nicht (mehr) in der Lage, ihre Verhaltensweisen anzupassen. Dadurch erreichen sie mit ihren Handlungen und Reaktionen keinen ausgeglichenen Zustand von Wohlbefinden, sie leben in dauerndem Unwohlsein.

Unsauberkeit

Unsaubere Katzen setzen entweder Kot und/oder Harn ausserhalb der von Ihnen vorgesehenen Katzentoiletten ab.

Gemeinsam mit dem Symptom Harnmarkieren ist Unsauberkeit das am häufigsten in der Praxis vorgestellte Problem.

Unsauberkeit ist kein typisches Problem des Mehrkatzen-Haushalts. Jede Katze kann unsauber werden und in einer Katzengruppe können natürlich auch mehrere Katzen unsauber sein.

Es würde hier viel zu weit führen, alle einzelnen Gründe für Unsauberkeit zu behandeln. Für Sie sind vorerst drei grosse Punkte – und zwar in dieser Reihenfolge – zu berücksichtigen:

1. Körperliche Erkrankungen: Jede unsaubere Katze sollte eingehend tierärztlich untersucht werden, selbst wenn Ihnen die Katze gesund erscheint. Katzen sind nicht sehr plakativ, wenn sie Schmerzen haben; sie ziehen sich zurück und leiden möglichst unauffällig. Das Symptom Unsauberkeit ist zwar kaum zu übersehen, der Zusammenhang mit körperlichen Erkrankungen ist aber nicht immer auf den ersten Blick erkennbar. Unzählige körperliche Erkrankungen können Unsauberkeit verursachen oder begünstigen. In jedem Fall von Unsauberkeit – Kot und/oder Harn – müssen zu allererst organische Krankheiten wie Harnwegserkrankungen, Darmentzündung, Schmerzen in der Wirbelsäule, Gelenken, Zahnprobleme, Blindheit, etc. ausgeschlossen werden.

2. Management: Alle Kriterien zum Thema Katzenklo überprüfen und auf die optimalste Version updaten.

3. Psychische Erkrankungen: Unsauberkeit kann nicht zuletzt auch Symptom einer psychischen Erkrankung sein. Angststörungen sind eine sehr häufige Ursache für Unsauberkeit. Die bei der nachfolgend beschriebenen generalisierten Angststörung angeführten Symptome geben Ihnen erste Hinweise, ob Ihre Katze möglicherweise aufgrund dieser psychischen Störung unsauber ist. Für eine korrekte und vollständige Diagnose, Grundlage jeder erfolgreichen Therapie, ist eine verhaltensmedizinische Untersuchung notwendig.

Vergessen Sie nicht: ein Punkt muss die anderen nicht unbedingt ausschliessen. Katzen haben das Recht, gleichzeitig an einem körperlichen Problem, einer psychischen Störung *und* einem unakzeptablen Katzenklo zu leiden.

Wer ist unsauber ?

Wer war's ? Diese Frage taucht im Mehrkatzen-Haushalt mit grosser Regelmässigkeit auf und es kann mitunter schwierig sein, eine Antwort zu finden.

Bei den Methoden, die unsaubere Katze zu bestimmen, sollten Sie nie übersehen, dass es nicht nur eine Katze sein muss.

❑ Direkte Beobachtung: zweifellos ist das die sicherste Methode, aber leider spielt die Katze dabei nicht immer mit. Ziemlich sicher sind wiederholte „beinahe erwischt–Situationen": unmittelbar nachdem eine Katze den Raum oder Ort verlassen hat, finden Sie dort einen kleinen See oder ein Häufchen.

❑ Einsperren: die verdächtigten Katzen werden, eine nach der anderen, je nach Frequenz der Unsauberkeit, für ein oder mehr Tage in einem eigenen Raum separiert, sodass sie keinen Zugang zu den verunreinigten Orten haben. Fehlt die unsaubere Katze in der Gruppe dann bleibt alles sauber – es sei denn, es gibt mehr als eine unsaubere Katze. Obwohl diese Methode von den meisten Besitzern als grausam angesehen wird, kann es, wie wir bei der Behandlung noch sehen werden, für eine Katze mit einer Angststörung geradezu ein entspannender Kuraufenthalt sein.

❑ Farbstoffe: Mit Lebensmittelfarben, Rote Beete Pulver u.ä. im Futter kann der Kot einer Katze eingefärbt werden. Harn kann recht eindeutig am charakteristischen Geruch erkannt werden, wenn die Katze höhere

73

(unschädliche) Dosen von Vitamin B erhält. Eine andere Möglichkeit ist das Verabreichen eines medizinischen Farbstoffs, der den Harn unter UV-Licht fluoreszieren lässt, an die verdächtige Katze.

Generalisierte Angststörung / Ängstlichkeit

Die generalisierte Angststörung kommt bei der Katze sehr häufig vor. Die Ursachen sind sehr oft genetische Einflüsse und mangelnde oder fehlende Sozialisation. Diese Katzen bleiben ein Leben lang mehr oder weniger beeinträchtigt, denn die Defizite in der Gehirnentwicklung während der Sozialisationsphase können nicht mehr aufgeholt werden. Aufgrund der begrenzten Vernetzung von Nervenzellen fehlt die Flexibilität und die Entscheidungsmöglichkeiten der Katze sind deutlich reduziert.

Bei der generalisierten Angststörung kommt es zu häufigen oder übertriebenen ängstlichen Verhaltensweisen ohne eindeutig erkennbaren Grund. Selbst die Vorahnung eines Reizes kann schon zu den Symptomen führen:

- ❑ Selbstverteidigung mit Flüchten, Vermeiden, Aggression oder Erstarren
- ❑ übertriebene Anhänglichkeit gegenüber dem Besitzer
- ❑ dauerndes Miauen
- ❑ übertriebene Wachsamkeit, dauerndes Umherschauen, Aufschrecken bei geringsten Reizen
- ❑ vermehrte vegetative und psychosomatische Anzeichen: Speicheln, Schwitzen an den Pfotenballen, Erbrechen, Blasenentzündung ...
- ❑ Ersatzhandlungen wie übertriebenes Putzen, ruheloses Umherwandern, Fressen ...

❏ gesteigertes Markierverhalten: Harnmarkieren, Kratzmarkieren
❏ erhöhtes Risiko für Unsauberkeit
❏ verändertes Fressverhalten: fressen nur in der Nacht
oder alleine, fressen nur in Anwesenheit des Besitzers

Einige weitere psychische Störungen, die zu Unsauberkeit
führen können, finden Sie in den nächsten Abschnitten be-
schrieben:
❏ Ängstlichkeit/Angstzustand bei zusammenlebenden
Katzen
❏ Hyperaktivität
❏ Phobien

Harnmarkieren

Harnmarkieren ist im Gegensatz zur Unsauberkeit kein ei-
gentliches Ausscheidungs- sondern ein Kommunikationsver-
halten. Beim Harnmarkieren oder Spritzen beschnüffelt die
Katze den Ort, den sie markieren will, dreht sich um, trippelt
mit den Hinterpfoten und spritzt mit aufgestelltem, zitterndem
Schwanz eine kleine Harnmenge horizontal nach hinten. Sie
finden Markierstellen in 30 bis 40 cm Höhe, von wo der Harn
in schmalen Bahnen nach unten läuft und an der Basis des
markierten Objekts einen kleinen See bildet.

Es gibt eine Form des Harnmarkierens in hockender Stel-
lung, die Unterscheidung von Unsauberkeit ist dann nicht immer ganz leicht zu treffen.

Harnmarkierende Katzen benützen für ihr normales Ausscheidungsverhalten nach wie vor die Katzentoilette. Es gibt
jedoch komplexe Fälle, wo Katzen unsauber sind *und* mit
Harn markieren.

Sowohl männliche als auch weibliche Katzen spritzen mit
Harn. Die Kastration reduziert Markierverhalten entscheidend

(sexuell bedingtes Markieren), beseitigt es als Kommunikationsform jedoch nicht restlos. Rund 5% der kastrierten Kätzinnen und 10% der kastrierten Kater markieren nach wie vor.

Die Wahrscheinlichkeit, dass in einem Haushalt mit 5 Katzen *mindestens* eine Katze mit Harn markiert liegt bei 75%, bei 10 Katzen im Haushalt steigt sie auf 100%. In diesen Fällen kann man davon ausgehen, dass die Katzen diplomatische Konflikte über das Harnmarkieren statt über die direkte Konfrontation austragen.

Grundsätzlich ist das Markieren mit Harn ein normales – physiologisches – Verhalten der Katze. Für die meisten Besitzer ist es verständlicherweise inakzeptabel und es hat schon unzählige Katzen das Leben gekostet, weil dieses Verhalten ein weiteres Zusammenleben unmöglich machte. Mit einer Kombination von optimalem Katzenklo-Management und medikamenteller Therapie können die weitaus meisten Fälle von Harnmarkieren erfolgreich behandelt werden.

Obwohl es sich um zwei verschiedene Verhaltensweisen handelt, sind die selben im Zusammenhang mit der Unsauberkeit erwähnten Punkte auch für das Harnmarkieren gültig.
- ❏ Organische Erkrankungen ausschliessen: Harnwegserkrankungen oder Schmerzen sind auch für Harnmarkieren ein häufige übersehene Ursache.
- ❏ Management: Optimieren des Toilettenangebots kann Harnmarkieren zwar nicht gänzlich beseitigen, aber nachweislich deutlich reduzieren.
- ❏ Psychische Erkrankungen: Harnmarkieren kann als alleiniges Symptom oder im Zusammenhang mit weiteren Symptomen auftreten.

Welche Katzen im Haushalt markieren, kann mit den gleichen Methoden wie bei der Unsauberkeit festgestellt werden. Die Wahrscheinlichkeit, dass mehr als eine Katze markiert, steigt mit der Katzenanzahl. Katzenharn enthält Pheromone, die auf andere Katzen einen provokativen oder aufregenden Effekt haben.

Reaktives und instrumentalisiertes Harnmarkieren

Reaktives Harnmarkieren ist eine physiologische und angepasste Reaktion auf einen Störfaktor, eine Aufregung, eine diplomatische und konfliktfreie Form der Kommunikation. Die Katze zeigt die gesamte zuvor beschriebene Sequenz und markiert gelegentlich, überlegt, und an ganz bestimmten für sie strategisch bedeutsamen Punkten.

Einzelne Katzen deuten das Markierverhalten nur an, wenn sie aufgeregt sind – sie zittern mit dem aufgestellten Schwanz, aber es wird kein Harn gespritzt. Bei steigendem Erregungszustand kann die Schwelle zum tatsächlichen Markieren ganz leicht überschritten werden.

Instrumentalisiertes Harnmarkieren ist zum automatischen Verhalten geworden – die Katze markiert, weil sie schon immer da markiert hat, ohne zu überlegen, ohne wirkliche Notwendigkeit, ziellos und nahezu überall. Die markierten Stellen werden nicht mehr wirklich kontrolliert und beschnuppert, die Katze spritzt aus Gewohnheit, beinahe zwanghaft. Die Markierfrequenz ist erheblich höher als beim reaktionellen Harnspritzen.

Harnmarkieren kann für sich alleine oder als Symptom einer Störung auftreten.

Einige psychische Störungen, die zu Harnmarkieren führen können, finden Sie in den nächsten Abschnitten beschrieben:

- ❏ Ängstlichkeit/Angstzustand bei zusammenlebenden Katzen
- ❏ Hyperaktivität

Aggression

Neben der Pieselei sind Aggressionen innerhalb der Katzengruppe das zweite häufige Problem im Mehrkatzen-Haushalt. Kleinere Konflikte sind im Zusammenleben unvermeidlich und durchaus normal. Wenn sie allerdings zum Dauerzustand werden, beeinträchtigen sie die Lebensqualität und das Wohlbefinden der Katzen – und vermutlich auch das Ihre – enorm.

Angstzustand/Ängstlichkeit bei zusammenlebenden Katzen

Zusammenlebende Katzen können unterschiedliche Muster und Beeinträchtigungen ihres emotionalen Zustandes und ihrer kommunikativen Fähigkeiten entwickeln.

Die Symptome werden meistens, aber nicht unbedingt, von einer Veränderung in der sozialen Gruppe – Ankunft, Verlust, Erkrankung, Behinderung, vorübergehender Klinikaufenthalt, Altern einer Katze – ausgelöst.

❏ Es sind alle Symptome, wie sie bei der generalisierten Angststörung beschrieben sind, möglich.

❏ Es gibt in der Gruppe mindestens eine passive und eine aktive Katze. Beide können an der Störung leiden.

❏ Typischerweise werden drei Phasen beobachtet.

▪ Distanzierung: Diese bereits beschriebene Phase ist in den ersten Wochen einer neuen Begegnung normal. Hält sie deutlich länger an, ist sie ein Symptom dieser Störung.

▪ Auseinandersetzung: in der zweiten Phase wird die passive Katze – manchmal nur zu bestimmten Zeiten – von der aktiven Katze verfolgt und attackiert, die aktive Katze bedrängt die passive Katze. Die passive Katze zeigt zunehmend Angstsymptome.

▪ Belagerung/Besessenheit: Die aktive Katze belauert die passive Katze und dringt in ihre Rückzugszonen ein. Die aktive Katze wird überwachsam, übersensibel, wandert suchend umher; sie zeigt häufig wellenartiges Zucken der Rückenhaut (rolling skin syndrome) und unruhiges Schwanzschlagen, auf Menschen oder andere Tiere umgerichtete Aggression, Harnmarkieren. Die passive Katze wird immer gehemmter (bis zur Depression) und zieht sich zurück, sie zeigt übersteigertes Putzverhalten und leckt sich kahl, Angstaggression, in extremen Fällen reduziert sich ihre Bewegungsfreiheit auf Null und sie setzt Kot und Harn in ihrem Versteck ab.

Hyperaktivitätsstörung

Hyperaktivität ist eine entwicklungsbedingte Störung, die bereits bei der Jungkatze unter vier Monaten begonnen hat. Die betroffene Katze kann aufgrund von genetischen Faktoren und fehlender Erziehung durch die Katzenmutter (zu früh getrennt) ihre Bewegungen nicht kontrollieren.

Hyperaktive Katzen können sich nicht in die Gruppe eingliedern, sie jagen die anderen Katzen und spielen brutal.

Einige typische Symptome, die Hinweis auf eine hyperaktive Störung sein können:

❏ die Katze ist dauernd in Bewegung, spielt extrem ausdauernd und ohne Kontrolle, sehr grob oder sogar aggressiv

❏ gegenüber anderen Katzen (im Vergleich mit Gleichaltrigen oder Geschwistern) deutlich reduzierte Schlaf- und Ruhezeiten, der geringste Reiz genügt, um sie zu aktivieren

❏ manchmal ausdauerndes und extremes Miauen

❏ reagiert schnell aggressiv, wenn man sie festhalten oder fixieren will

❏ übertriebene unkontrollierte Reaktionen auf geringste Reize

❏ zeigt auf Menschen oder andere Katzen umgerichtete Jagdaggression

Dyssozialisation

Dyssozialisation ist eine entwicklungsbedingte Persönlichkeitsstörung, bei der die Katze über neun Wochen die Kommunikationsregeln und den sozialen Umgang mit anderen Katzen nicht gelernt hat. Die Dyssozialisation ist eine typische

Störung der handaufgezogenen, zu früh von der Mutter (oder anderen erwachsenen Katzen) getrennten oder manchmal auch von einzeln ohne Geschwister aufgewachsenen Katzen.

Aufgrund ähnlicher auslösender Bedingungen können die Dyssozialisation (keine sozialen Regeln gelernt) und die Hyperaktivitätsstörung (keine Selbstkontrolle gelernt) kombiniert auftreten.

Hinweis auf eine Dyssozialisation können folgende Symptome sein:

- ❏ fehlende Beschwichtigungshaltungen
- ❏ fehlender Respekt gegenüber anderen, gleichaltrigen oder erwachsenen Katzen
- ❏ unkontrollierte emotionale Reaktionen ohne Abstufung und dosierte Steigerung der Aggression, sondern explosionsartige Reaktionen
- ❏ fehlende Frustrationstoleranz, Intoleranz gegenüber Handling und Manipulation (kämmen, in die Ohren schauen, am Bauch berühren, etc.)
- ❏ Phobie vor anderen Katzen
- ❏ übermässig starke Bindung (bis zur Abhängigkeit) an Menschen (üblicherweise an die „Adoptivmutter").

Weitere psychische Störungen mit aggressiven Symptomen:

- ❏ Ängstlichkeit/Angstzustand unter restriktiven Lebensbedingungen
- ❏ Generalisierte Angststörung
- ❏ Phobie

Angst

Das Symptom Angst wird bei der Katze vielfach übersehen, weil sich andere – offensichtlichere – Symptome wie Unsauberkeit, Harnmarkieren oder Aggression dazu gesellen oder... weil es als völlig normal angesehen wird, dass Katzen Angst haben. Allzu leicht wird der Katze beim Auftreten von Angstsymptomen eine Absicht wie ‚Bosheit' oder ‚Protest' unterstellt. Angst als länger andauernder Zustand oder in einer übersteigerten Intensität hat jeden Sinn verloren.

Als Dauerzustand kann Angst einen intensiven Leidensdruck (und auch psychosomatische Krankheiten) verursachen und ist einem dauernden Schmerzzustand durchaus vergleichbar.

Ängstlichkeit unter restriktiven Lebensbedingungen

Diese Angststörung tritt bei Katzen auf, die in einer reichhaltigen Umwelt, zum Beispiel mit Freilauf in den Garten oder auf einem Bauernhof aufgewachsen sind und nun in einer reizarmen Umwelt wie einer Wohnung leben müssen. Genetische Faktoren spielen eine bedeutende Rolle bei der Entwicklung dieser Störung.

❑ alle Symptome, die bei der generalisierten Angststörung beschrieben sind, können beobachtet werden.

❑ die fehlende Beschäftigung führt zu umgerichtetem Jagdverhalten. Es gibt Überfälle auf menschliche Füsse, Hände, andere Katzen – alles was sich bewegt.

❑ anfallsweise Hyperaktivität zu bestimmten Tageszeiten (Morgen- und Abenddämmerung)

❑ wellenartiges Hautzucken am Rücken (rolling skin syndrome)

❑ übersteigerte Wachsamkeit und leichte Reizbarkeit

❑ destruktives Verhalten – übersteigertes Kratzmarkieren

❑ Fressen, das zu Übergewicht führt, als beruhigende Ersatzhandlung

Phobien

Eine Phobie ist eine zeitlich begrenzte extreme Angstreaktion, die durch einen bestimmten, identifizierbaren Reiz – Geräusch, Mensch, Situation (z.B. Transport oder Tierarztbesuch), andere Katze, Hund, etc. – ausgelöst wird. Phobien entstehen einerseits durch fehlende Erfahrungen in den ersten Lebenswochen der Katze, andererseits durch traumatisierende, schmerzhafte oder ängstigende Erlebnisse.

Der Kontakt mit dem Reiz löst eine unmittelbare Angstreaktion aus:

- ❏ Bewegungslosigkeit (z.B. am Behandlungstisch beim Tierarzt),
- ❏ panische Fluchtversuche
- ❏ klägliches Miauen
- ❏ explosive Angstaggression
- ❏ Speicheln, Schwitzpfoten, Erbrechen, emotional bedingter Kot- und Harnabsatz

Die Reaktion steht in keinem Verhältnis zum auslösenden Reiz.

Phobieauslösende Situationen werden gemieden oder führen zu intensivem Stress mit den beschriebenen Reaktionen, wenn die Katze nicht entkommen kann.

Soziale Phobie und umgerichtete Aggression

Diese Verkettung von katzentypischen Reaktionen kann innerhalb von wenigen Augenblicken eine jahrelange harmonische Beziehung zerstören.

Umgerichtete Aggression ist der Angriff einer Katze in hohem Erregungszustand, die das eigentliche Ziel ihrer Aggression (z.B. eine fremde Katze im Garten) nicht erreichen kann und sich stattdessen ein anderes verfügbares Opfer sucht. Somit kommt eine völlig unbeteiligte, ahnungslose Katze zum Handkuss. Diese reagiert auf die unerwartete (und ungerechtfertigte) Attacke natürlich mit aggressiver Verteidigung.

In Einzelfällen kommt die aggressive Antwort der unbeteiligten Katze schon vorbeugend, weil sie das Knurren oder eine aggressive Körperhaltung der anderen auf sich bezieht, obwohl es nicht für sie gedacht war.

Eine dritte Situation: ein in den meisten Fällen unbekannter Auslöser – oft in der Nacht – löst einen extrem heftigen Angriff einer Katze auf die andere aus. Diese reagiert auf den unerwarteten Angriff mit derselben Heftigkeit und beide Katzen kämpfen, wie wenn es um ihr Leben ginge.

Ab diesem Zeitpunkt greifen sich die Katzen jedes Mal, wenn sie sich sehen, aufs Neue an. Beide glauben sich immer wieder in der Richtigkeit ihrer eigenen Aggression bestätigt, wenn sie die aggressiven Signale anderen wahrnehmen. Nach diesem akuten Beginn entwickelt sich rasch eine Angststörung bei zusammen lebenden Katzen.

Katzen, die nach einer Narkose nach Hause kommen und mit den anderen Katzen konfrontiert werden, bevor sie richtig wach sind und sich geschmeidig bewegen können, sind manchmal Opfer von Angriffen. Diese in einem weder geistig noch körperlich voll reaktionsfähigen Zustand erlebten Attacken können ebenfalls soziale Phobien auslösen und Katzenfreundschaften dauerhaft zerstören, wenn nicht schnellstmöglich behandelt wird.

Zusammenfassung

Dieser etwas theoretische Ausflug in die Psychiatrie der Katze sollte Sie nicht erschrecken. Für die Behandlung einer psychisch kranken Katze oder einer Störung in der sozialen Gruppe ist es im Grunde nicht so wichtig, welchen Namen man dieser Erkrankung gibt.

Ganz wesentlich – und das ist auch der Grund für diese vereinfachte Beschreibung der Erkrankungen – ist aber, dass die Katze oder die Beziehungen in der Katzengruppe nicht auf ein einzelnes Symptom wie zum Beispiel Unsauberkeit oder Aggression reduziert werden. Dies sind zwar die problematischen Symptome, diejenigen, die Ihnen auffallen und von denen Sie verständlicherweise wollen, dass sie verschwinden. Aber es gilt auch noch zahlreiche andere beeinträchtigende Symptome, Ihre Katze als Persönlichkeit oder Ihre Gruppe als gesamtes System zu berücksichtigen.

Sobald Sie weitere Symptome und Signale für psychische Störungen kennen – und anerkennen –, wird der wirkliche Leidensdruck einer Katze sichtbar. Es geht dann nicht mehr nur darum „wie bekomme ich diese Katze dazu, nicht mehr alles anzupinkeln", sondern um die Katze oder alle Katzen in der Gruppe, ihr körperliches und psychisches Wohlbefinden.

Übersicht über die häufigsten Störungen im Mehrkatzen-Haushalt

Symptom	Mögliche Ursache
Unsauberkeit	Organische Erkrankung Mängel im Katzenklo-Management Generalisierte Angststörung Angstzustand bei zusammen lebenden Katzen Hyperaktivitätsstörung
Harnmarkieren	Normales reaktives Harnmarkieren Organische Erkrankung Mängel im Katzenklo-Management Generalisierte Angststörung Angstzustand bei zusammen lebenden Katzen Angstzustand unter restriktiven Lebensbedingungen Hyperaktivitätsstörung
Aggression zwischen den Katzen	Unpassende, und/oder zuviel Katzen Zuwenig Platz und/oder Struktur Generalisierte Angststörung Angstzustand bei zusammen lebenden Katzen Angstzustand unter restriktiven Lebensbedingungen Dyssozialisation Hyperaktivitätsstörung Phobie Soziale Phobie und umgerichtete Aggression

Angst	Generalisierte Angststörung
	Angstzustand bei zusammen lebenden Katzen
	Angstzustand unter restriktiven Lebensbedingungen
	Phobie

Behandlungsmöglichkeiten

Wenn in Ihrem Mehrkatzen-Haushalt bereits der alltägliche – und wie Sie nun wissen – ganz und gar nicht „normale Wahnsinn" herrscht, dann sind Lösungen gefragt. Und zwar rasch.

Die Einschätzung, ob eine Katze an einer psychischen Störung leidet oder nicht ist nicht immer ganz leicht, die Übergänge sind naturgemäss fliessend. Ein grosses Hindernis in der Beurteilung seiner eigenen Katzen ist die persönliche Beziehung und Bindung an sie – selbst erfahrene Spezialisten in der Veterinär-Verhaltensmedizin holen sich vielfach Rat bei Kollegen, wenn es um die Verhaltensstörungen der eigenen Tiere geht.

Für eine genaue Beurteilung und Diagnose empfehle ich Ihnen die Konsultation einer auf verhaltensmedizinischem Gebiet ausgebildeten Tierärztin (oder Tierarzt). Nur auf dieser Grundlage kann ein effektiver Therapieplan erstellt, individuell passende, wirksame Medikamente für die psychische Stabilisierung der Katze gewählt und falls nötig medizinische Behandlungen bei Ihrem Haustierarzt empfohlen werden.

Zum spezialisierten Tierarzt kann Sie Ihre Haustierärztin überweisen oder Sie wenden sich an die entsprechenden tierärztlichen Fachverbände (s. Anhang). In einfacheren Fällen wird vielleicht sogar Ihre Haustierärztin (vielleicht in Zusammenarbeit mit einer spezialisierten Kollegin) die Behandlung übernehmen.

Obwohl psychische Erkrankungen nur selten dramatisch aussehen – es fliesst kein Blut, es gibt keine ‚komischen' Beulen und keine plötzlich schmerzhaft angeschwollenen oder gebrochenen Pfoten – sollten Sie Ihrer Katze dennoch tierärztliche Betreuung zukommen lassen.

Das vorhergehende und nun folgende Kapitel werden Ihnen dabei helfen, die Symptome einer Störung besser zu erkennen, zu entscheiden, ob Ihre Katze leidet und eine Behandlung braucht und vor allem zu sehen, dass es inzwischen eine Vielzahl an modernen Behandlungsmöglichkeiten gibt.

Die meisten dieser Behandlungsmöglichkeiten können mit individueller Anpassung sowohl in der Vorbeuge als auch in der Therapie eingesetzt werden.

Respekt für die Ethologie

Die Katze und ihre artspezifischen Bedürfnisse zu kennen und zu respektieren ist bereits ein erster und wichtiger Schritt in der Therapie.

Katzen werden nicht gefragt, ob sie mit den Bedingungen, dem Zusammenleben mit anderen Katzen, dem Raumangebot einverstanden sind. Umso wichtiger ist es, ihr Leben – mit dem was wir über sie wissen – so artgerecht wie möglich zu gestalten.

Lifestyle

Alle wichtigen Informationen über die Ethologie der Katze und artgerechte Wohnraumgestaltung finden Sie in *Miez, Miez - na komm!* Mit einfachen Massnahmen kann die fehlende Fläche in der Wohnung oder im Haus für die Katzen „vergrössert" werden, indem man die dritte Dimension integriert. In absolut zu kleinen Lebensräumen – und die Entscheidung darüber liegt auch in der Persönlichkeit, dem Freiheitsdrang und der Geselligkeit der Katzen – kann mit diesen Massnahmen die Situation zwar verbessert, aber vermutlich nicht optimal gestaltet werden. Es wird eine Kombination mit anderen Methoden nötig sein.

Organisation

Neben den räumlichen Bedürfnissen der Katzen gilt es auch, diese in zeitlicher und sozialer Hinsicht zu organisieren. In gesunden, harmonischen Katzengruppen regeln die Katzen das unter sich. In unausgeglichenen, nicht gut zusammenpassenden Gruppen müssen regulierende Strukturen und Regeln vorgegeben werden. Zonen und Zeiten, die der Erfüllung grundlegender körperlicher und psychischer Bedürfnisse – fressen, trinken, Harn- und Kotabsatz, schlafen, soziale Kontakte mit Menschen – dienen, werden durch Ihre Anwesenheit und Kontrolle sowie durch ausreichendes Angebot zu neutralen und konfliktarmen Bereichen.

Es ist absolut nicht tolerierbar, dass einzelne Katzen bedroht, belästigt oder angegriffen werden, wenn sie ihren Grundbedürfnissen nachkommen wollen.

Eine „Hierarchie von dominanten und untergeordneten" Katzen einführen oder unterstützen zu wollen ist unsinnig, häufig verschärft sich die Lage dadurch sogar. Katzen sind keine Hunde, sie haben keine sozialen Strukturen wie Hunde und es ist daher besser, man behandelt sie wie... Katzen.

Soziales Ungleichgewicht sollte von Ihnen abgefangen und ausgeglichen und keinesfalls verstärkt werden, indem Sie eine als „dominant" angesehene Katze bevorzugen.

In den Konflikt eingreifen

In welche Konflikte, ab wann und wenn ja, wie soll man eingreifen ?

Einfache und im allgemeinen diplomatische Konflikte sind unter Katzen völlig normal und alltäglich. Mit dem Blick fixieren, den Weg versperren oder auch einmal zur Distanzierung fauchen oder sich mit den Pfoten schlagen sind übliche Kommunikationsformen – „Pack schlägt sich, Pack verträgt sich".

Kehren gewisse Konflikte immer wieder oder verschärfen sich mit der Zeit, ist es sinnvoller, wenn Sie regelnd eingreifen. Hinweise auf unproduktive Konflikte, die zu keinem Gleichgewicht in der Gruppe führen sind: sie treten immer an den gleichen Orten oder zur gleichen Zeit auf, die Positionen der Katzen verändern sich nicht, sie verhärten sich sogar zunehmend, bis eine der beiden Katzen immer gehemmter und unterdrückter wird, während die andere ihre Terrorherrschaft ausweitet.

Das vorrangige Ziel beim Unterbrechen des Konflikts ist das Aufbauen des Selbstbewusstseins der unsicheren Katze und nicht das Strafen der aktiven Katze. Je heftiger und lauter Sie reagieren, umso grösser wird die Unsicherheit der bedrohten Katze auch Ihnen gegenüber. Damit verliert sie aber auch noch die wichtige fünfte Säule in mehrdimensionalen System.

Am besten greifen Sie ein, wenn sich der Konflikt gerade anbahnt. Jede Massnahme, die auf mindestens eine der Katzen ablenkend wirkt, ist geeignet, die begonnene Aktion zu unterbrechen: in die Hände klatschen oder ein anderes Geräusch machen, in die Küche gehen, an den Katzen knapp vorbeigehen, ein Spiel beginnen ... Die bedrohte Katze sanft anzureden, sie mit Worten zu unterstützen oder sie zu sich zu rufen, gibt ihr oftmals die Gelegenheit, im Konflikt selbstsicherer zu bestehen oder aus dem Konflikt auszusteigen, ohne zu verlieren: „Sorry, hörst du, ich muss jetzt leider gehen...".

Die aktive Katze mit der Blumenspritze oder Spritzpistole zu strafen, hat in den meisten Fällen auch ziemlich nachteilige Effekte auf das Selbstbewusstsein der ohnehin schon unsicheren bedrohten Katze. Ihre Stimmung und Emotion führt dazu, dass sie sich betroffen fühlt und alles auf sich bezieht und vor Ihnen Angst hat. Aus der Sicht der Katze wird sie nun von zwei Seiten bedroht. Bei ausreichend grossem Abstand der Katzen ist die Spritzpistole aber eine gute Option.

Es gibt noch die Möglichkeit, die aktive Katze zu rufen und ihr eine Alternative zu bieten, doch mehr dazu bei der Gegenkonditionierung.

In der „geschlossenen Abteilung"

Bei der Suche nach der Pinkelkatze haben Sie schon gelesen, dass in ein Zimmer gesperrt zu werden, für manche Katzen eine Erholung sein kann.

In einem grossen unübersichtlichen Lebensraum können Katzen mit Angststörungen massiv überfordert sein. Sie leben in fast dauernder Anspannung, in Verteidigungs- oder Fluchtbereitschaft und nur der Geruch ihrer Harnmarkierungen gibt ihnen vermutlich das Gefühl von Mut und Vertrautheit.

Raumbeschränkung für eine Woche oder zehn Tage hilft diesen Katzen entscheidend bei der Neustrukturierung ihres Zeit-Raum-Gefüges.

Was für Sie wie Einzelhaft und Gefängnis aussehen mag, ist aus der Sicht der Katze Entspannung pur. Kein Stress auf dem Weg zum oder vom Katzenklo, keine unerwarteten Überfälle aus dem Hinterhalt und sie findet in einem einzigen, für sie leicht überschaubaren Raum alles für das tägliche Wohlbefinden: Futter und Wasser, möglichst weit davon entfernt ein oder zwei Katzentoiletten, ein oder mehr sichere Schlaf- und Ruheplätze und vielleicht sogar einen Aussichtsplatz am Fenster. Selbstverständlich bekommt sie ausreichend Zeit mit Ihnen – ganz für sich allein – zum Schmusen oder Spielen ganz nach Belieben. Abgesehen von sehr guten Freunden, haben die anderen Katzen keinen Zutritt zum Erholungsgebiet, es ist der ganz private Raum für diese ängstliche Katze.

Nach einigen Tagen kann die Wiederentdeckung von Amerika beginnen – die Tür bleibt ein Stück offen und die Katze kann wie eine Jungkatze ihren Radius langsam wieder vergrössern. Über die Regelung der ‚Öffnungszeiten' haben Sie sogar einen Einfluss auf die zeitliche Organisation in der Gruppe, wenn Sie die Tür zu Zeiten öffnen, wenn die anderen Katzen sich zurückgezogen haben, schlafen oder unterwegs sind.

Das Zimmer bleibt vorübergehend oder für immer (zum Beispiel mit einer Katzenklappe) eine Tabuzone, in der sich auch ängstliche Katzen sicher fühlen können. Sie sind dort immer zur richtigen Zeit am richtigen Ort.

Diese Behandlung in der „geschlossenen Abteilung" wird am besten mit anderen Methoden wie der Pheromontherapie und medikamenteller Behandlung kombiniert. In dieser Kombination gibt es für die Katze die schnellste Erleichterung und nachhaltigere Therapieerfolge.

Die meisten Katzen sind mit dieser – individuell an sie und den Haushalt angepassten – Strategie in der Lage, wieder ein angstfreies Leben in der Gruppe zu führen.

Übersiedeln

Allein aufgrund der Beziehungsprobleme seiner Katzen zu übersiedeln, wäre ein bisschen viel verlangt, aber es hat sich gezeigt, dass eine Übersiedlung oft überraschend positive Auswirkungen auf eine Katzengruppe hat. Das hängt natürlich mit dem grösseren Raum oder Freilauf, wenn das der Fall ist, aber nicht nur damit, zusammen. Die Katzen sind in der neuen Umgebung gezwungen, einen neuen Tagesablauf zu gestalten. Bei einer Übersiedlung über einige Tage (oder Wochen) ist es günstig, den eher unsicheren Katzen einen Vorsprung im neuen Revier zu geben und die draufgängerischen als letzte zu übersiedeln. Bei sehr festgefahrenen Rollen stellen sich die alten Gewohnheiten jedoch rasch wieder ein.

Freilauf

Insbesondere bei unterschiedlichen Aktivitätsbedürfnissen in der Katzengruppe kann Freilaufmöglichkeit (oder ein Freigehege) wahre Wunder wirken. Im Freien aufgewachsene, aktive oder hyperaktive Katzen, die unter den reizarmen Bedingungen einer reinen Wohnungshaltung andere Katzen terrorisieren und weitere zwanghafte Angstsymptome entwickeln, finden mit den Möglichkeiten zur Jagd und Umwelterforschen ihr Gleichgewicht wieder.

Pheromontherapie

Wie bereits im Kapitel über die Kommunikation und die Alltagsorganisation besprochen, können Pheromone nicht nur von Katzen, sondern auch von uns Menschen zur Raumgestaltung eingesetzt werden.

Zwei wichtige Gesichtspheromone der Katze stehen in synthetischer Form zur Verfügung und sind damit gezielt anwendbar.

Pheromone sind spezielle Geruchsstoffe, die ganz bestimmte Bereiche im Gehirn, nämlich die für die Stimmungslage und Emotionen zuständigen Areale, beeinflussen. Die Katze entspannt sich und fühlt sich vertraut, selbst wenn sie die Pheromone nicht bewusst wahrnimmt.

Pheromone sind sehr spezifisch und die Pheromone von Katzen passen nur in die Empfangsmodule von Katzen. Bereits geringste Dosen, einzelne Moleküle, sind wirksam und es gibt keinen Gewöhnungseffekt.

Obwohl Pheromone keine Medikamente im eigentlichen Sinne sind, wirken sie dennoch ganz zentral auf die „Systemsteuerung" der Katze. Sie sollten daher nicht gedankenlos und ohne Diagnose eingesetzt werden. Misserfolge liegen fast immer an der fehlenden Diagnose, falschen Erwartungen oder an der unkorrekten Anwendung.

Feliway® ist das erste Pheromonpräparat, das vor ungefähr zehn Jahren für die Behandlung von Katzen entwickelt wurde. Die Einsatzgebiete in der Behandlung und Vorbeuge von Verhaltensstörungen der Katze werden immer mehr.

Feliway® gibt es als Spray für den lokalen, punktuellen Einsatz und als Diffuser für die Steckdose. Je nach Zielsetzung können nur der Spray, der Diffuser oder beide kombiniert eingesetzt werden.

Wichtige Hinweise für die Anwendung von Feliway® Spray:

❏   Pheromone sind keine abschreckenden Geruchsstoffe, die eine Katze davon abhalten, bestimmte Plätze zu benützen, anzupinkeln oder zu markieren.

- Feliway wirkt nicht gegen Verhaltenssymptome wie „Unsauberkeit" oder „Harnmarkieren" an sich – es setzt auf einer höheren Ebene an und wirkt auf die Stimmungslage, die zu bestimmten Verhaltensweisen führt.
- Als Spray sollte Feliway® *nicht* in Anwesenheit der Katze angewendet werden! Das Lösungsmittel sollte verdampft und der Fleck abgetrocknet sein, bevor die Katze den Raum wieder betreten darf.
- Feliway® darf nicht auf Katzen gesprüht werden.

Die Effekte und die Wirksamkeit lassen sich am besten beurteilen, wenn alle Symptome einer oder mehrerer Katzen erhoben und nach Möglichkeit auch quantifiziert sind. Häufig gibt es keine „alles oder nichts" Ergebnisse, die Stimmungslage der Katze verbessert sich aber, wodurch sich die Motivation, die Gesamtheit und die Intensität der erkennbaren Symptome verändert.

Felifriend® ist das zweite Pheromonpräparat für Katzen. Es ist nur als Spray verfügbar. Dieses Pheromon verteilen Katzen vor allem dann, wenn sie sich an anderen Katzen, Menschen oder anderen befreundeten Partner reiben.

Es kann zur Eingewöhnung von neuen Katzen eingesetzt werden.

Wichtige Hinweise zur Anwendung von Felifriend®:

- Felifriend® darf *nicht* direkt auf die Katze gesprüht werden! Sprühen Sie Felifriend® auf ein Wattepad und lassen Sie das Lösungsmittel ausreichend lange, einige Minuten, verdampfen.

❏ Mit dem nun für Sie geruchlosen Wattepad in der Hand alle Katzen in der Gruppe beidseits vom Kopf in Richtung Flanke streicheln.

❏ Felifriend® reduziert die Stressreaktionen bei der Eingewöhnung neuer Katzen, aber es ist kein Wundermittel, das jegliche Kommunikation zur Distanzierung gegenüber unbekannten Katzen abstellt.

Verhaltenstherapien

Verhaltenstherapien im eigentlichen Sinne machen nur einen kleinen Teil der Behandlungsmöglichkeiten in der tierärztlichen Verhaltensmedizin aus.

Verhaltenstherapien beruhen auf der praktischen und gezielten Anwendung der Lerntheorien. Dazu muss sich die Katze einerseits in einem lernfähigen Zustand befinden und andererseits die Tatsache, dass man auch Katzen „etwas beibringen" kann, akzeptiert werden. Mit dem „gewusst wie" ist beides möglich.

Gewöhnung

Ja, so simpel es klingt – die Gewöhnung oder Habituation ist bereits ein Lernprozess! Die Gewöhnung ist die einfachste Verhaltenstherapie und das Tolle daran – sie passiert einfach. Zumindest bei psychisch gesunden Katzen. Die Gewöhnung ist genau das, was Sie in den ersten Wochen (6 bis 8) beobachten, wenn eine neue Katze in den Haushalt kommt oder andere grössere Veränderungen stattfinden.

Aber – auch wenn dieses Lernen automatisch stattfindet, muss die Katze in einer Verfassung sein, die diesen einfachsten aller Lernprozesse ermöglicht. Wenn die Gewöhnung länger als ein paar Wochen dauert, ist das ein deutlicher Hinweis, dass die Katze in bezug auf diese Situation nicht lernen kann. In diesem Fall ist längeres Zuwarten nicht akzeptabel und belastet die betroffene Katze enorm. Natürlich gewöhnen sich manche Katzen nach 6 Monaten, 14 Monaten oder zwei Jahren an eine neue Katze – aber bis zu diesem Zeitpunkt ist ihre Lebensqualität erheblich beeinträchtigt und es besteht keinerlei vernünftiger Grund, ihr dies zuzumuten.

Die wichtigsten Gründe für mangelnde Gewöhnung sind Angststörungen (unabhängig von deren Ursache) und die Möglichkeit, sich der direkten Konfrontation zu entziehen. Katzen mit Freilauf kommen nur mehr sporadisch zum Fressen nach Hause und sind ansonsten von der Bildfläche verschwunden. Wohnungskatzen ziehen sich in den letzten Winkel, unter das Bett oder auf den Kasten zurück. Diese vermeidende Reaktion kann man bei der ansässigen oder neuen Katze beobachten, sie ist von der Persönlichkeit und psychischen Verfassung der Katze abhängig und nicht vom „Revierbesitz".

Zur gezielten Gewöhnung „zwingt" man die Katzen zur Konfrontation miteinander und zum Entwickeln eines Timesharing-Arrangements, indem eine Freilaufkatze für einige Zeit zum Hausarrest genötigt wird.

Versteckte Wohnungskatzen bekommen ihr Futter am üblichen Platz und nicht in ihrem Versteck, so dass sie sich auf jeden Fall in der Wohnung bewegen und der anderen Katze begegnen müssen.

Gegenkonditionierung

Gegenkonditionierung bedeutet, dass man die Katze zu einem anderen Verhalten veranlasst oder ihr ein neues Verhalten beibringt, das sich mit dem unerwünschten nicht vereinbaren lässt.

Hier ein Beispiel: Fressen oder Spielen oder zu Ihnen zu kommen ist mit Aggression gegenüber einer anderen Katze nicht vereinbar. Es ist ziemlich einfach, Katzen das Kommen auf Ruf, ein „Sitz" oder andere einfache Übungen beizubringen. In *Miez, Miez – na komm* finden Sie ein ganzes Kapitel über die Besonderheiten und Techniken der Erziehung von Katzen.

In einer Situation, wo die aktive oder aggressive Katze eine andere Katze bedrohen oder angreifen möchte, kann man sie abrufen und ihr ein Spiel, Futter oder auch sozialen Kontakt anbieten. Die wirkliche Herausforderung dabei ist, herauszufinden, womit Sie Ihre Katze motivieren können. Und es wird natürlich von Ihrer Aufmerksamkeit und Ausdauer abhängen – je häufiger und konsequenter Sie die Katze in der Entscheidung *für* die von Ihnen vorgeschlagene Übung (und gegen die unerwünschte Aktivität) bestätigen, desto eher wird sie sich für die neue Option entscheiden. Damit Sie eine Vorstellung von der erforderlichen Ausdauer bekommen, gebe ich Ihnen einen Richtwert: ungefähr tausend Wiederholungen sind notwendig, um das neue Verhalten zu automatisieren.

Desensibilisierung

Bei der systematischen Desensibilisierung wird die Katze mit einem Reiz – zum Beispiel der Anwesenheit einer anderen Katze – in so geringen ‚Dosierungen' konfrontiert, dass sie sich nicht aufregt oder Angst hat. Das erreicht man durch ausreichend grossen Abstand der Katzen, neutrale Aktivität und Haltung der Katze (fressen, schlafen) gegenüber der desensibilisiert werden soll, begrenzte Kontaktzeit, etc. Zusätzlich versucht man, durch erfreuliche Aktivitäten (wie fressen oder spielen) bei der Katze, die lernen soll, einen entspannten und angenehmen Zustand auszulösen. Mit der Zeit lernt die Katze, dass die Anwesenheit der anderen Katze gar nicht so schlimm ist, ganz im Gegenteil sie scheint sogar der Auslöser für diesen angenehmen Zustand zu sein. Entscheidend für die Desensibilisierung ist, dass man den Abstand zwischen den Katzen nur ganz langsam über einen Zeitraum von einigen Wochen, quasi zentimeterweise, reduziert.

Die systematische Desensibilisierung ist genaugenommen ein gezielter und kontrollierter Gewöhnungsprozess. Wie bei den anderen Techniken der Verhaltenstherapie erleichtert und beschleunigt die Kombination mit der Pheromontherapie und Medikation die Verbesserung für die Katze ganz entscheidend.

Spieltherapie

Die Spieltherapie ist gezieltes interaktives Spiel mit der Katze. Sowohl aktive (oder hyperaktive) Katzen als auch ängstliche und unsichere Katzen können von einer Spieltherapie profitieren. Details zur Organisation, zum Ablauf und den Spieltechniken finden Sie im entsprechenden Kapitel.

Bei der aktiven und unausgelasteten Katze, die andere Katzen aus Langeweile bedroht und belästigt, kanalisieren Sie mit regelmässigen Spieleinheiten die überschüssige Energie in vernünftiger Weise. Katzen sind, auch wenn sie nur in der Wohnung leben, noch immer Raubtiere und wenn sich keine anderen Beutetiere anbieten, dann jagt man zur Not eben... Katzen. Mit regelmässigen Spielstunden strukturieren Sie den Tagesablauf einer Katze in aktive Phasen und in Ruhephasen. Die aktive Phase wird in diesem Falle von Ihnen initiiert und ausgelöst, in den Ruhephasen hat auch die andere Katze Ruhe.

Für die ängstliche und unsichere Katze hat die Spieltherapie eine andere Wirkung. Konzentration und Erfolg bei der Jagd auf die Spielmaus oder ein anderes geeignetes Spielzeug haben einen angstlösenden Effekt und erhöhen das Selbstbewusstsein einer Katze. Da ängstliche Katzen unter Umständen anfangs auch Ihnen oder einem Spielzeug gegenüber unsicher sind, muss man langsam und geduldig beginnen. Andere anwesende Katzen, vor allem aktive und schnell entschlossene spielfreudige, sind da ein wesentlicher Hemmfaktor. Aus diesem Grund sollte die aktivere Katze in einen anderen Raum gesperrt werden oder unter einem umgedrehten Wäschekorb auf die Ersatzbank kommen. Wenn sie erkannt haben, dass ihr Spiel nicht mehr von ungestümen anderen Katzen gestört wird und sie sich sicher fühlen können, legen die meisten Katzen innerhalb von ein bis drei Wochen ihre zögerliche Haltung ab und werden zunehmend konzentrierter und mutiger.

Umplazieren

Die Entscheidung, eine geliebte Katze aus dem eigenen Mehrkatzen-Haushalt auf einen anderen (Einzel-)Platz abzugeben, ist extrem schwer. Und dennoch gibt es Katzen, die sich aus den verschiedensten Gründen nicht in einen Mehrkatzen-Haushalt integrieren lassen. Bei dieser Überlegung scheint immer ein wenig schlechtes Gewissen – ‚man kann doch eine Katze nicht einfach nehmen und wieder weggeben' – und in sehr vielen Fällen auch der persönliche Wunsch – ‚das ist meine Katze und ich will sie nicht hergeben' mitzuspielen. Und dann gibt es natürlich die Vorstellung, dass es überhaupt keinen besseren Platz gibt.

Mit Sicherheit ist der neue Platz nicht die erste Option bei der Behandlung und es macht tatsächlich keinen Sinn, eine psychisch kranke Katze einfach nur auf einen anderen Platz oder gar ins Tierheim anzuschieben. Der Platzwechsel an sich ersetzt keine Therapie. Und dennoch gibt es Fälle, wo es mit allen zur Verfügung stehenden Therapiemöglichkeiten (und Sie haben nach diesem Kapitel nun eine kleine Vorstellung davon) unmöglich scheint, eine Katze in einen Mehrkatzen-Haushalt zu integrieren. Die Katze hat kaum Möglichkeiten, sich ihr Leben selbst zu verändern. Katzen mit Freilauf wechseln manchmal den Haushalt, Wohnungskatzen haben keine Möglichkeit dazu. Sie sind gezwungen, mit Ihren anderen Katzen zu leben, ob sie wollen oder nicht, ob Ihre anderen Katzen wollen oder nicht.

Medikamentelle Therapie

Die medikamentelle Therapie hat immer noch einen schlechten Beigeschmack von „chemischer Keule", von „Psychopharmaka verwendet man doch nur, wenn man sich's bequem machen will". Die Therapie mit modernen Psychopharmaka ist weit davon entfernt. Ich möchte Ihnen hier etwas zeitgemässere Informationen zur Anwendung von auf die Psyche wirkenden Medikamenten bei der Katze geben.

Als medikamentelle Therapie kann alles von Bachblüten über Homöopathie, pflanzlichen Präparaten und Nahrungsergänzungen bis hin zu modernen gezielt wirkenden Antidepressiva und angstlösenden Psychopharmaka betrachtet werden.

Die Auswahl wird von der Störung und den Symptomen der Katze – der Dauer und dem Schweregrad – abhängen, aber auch von den persönlichen Vorlieben und Erfahrungen des behandelnden Tierarztes. Auch die Gesetzeslage kann unter Umständen die Entscheidung beeinflussen, denn es gibt aufgrund des kleinen Marktes keine für die Katze zugelassenen Psychopharmaka. In den wissenschaftlichen Arbeiten der letzten Jahre wurden jedoch zahlreiche Studien veröffentlicht.

Bachblüten

Die Behandlung mit Bachblüten wird in den letzten Jahren immer beliebter und die meisten Besitzer mit einem Katzenproblem haben sie schon ausprobiert. Katzen sprechen im allgemeinen sehr gut auf die Behandlung mit Bachblüten an.

Die Auswahl ist nicht wirklich schwierig – es gibt verschiedene Systeme der Auswahl und es scheint, dass alle gut funktionieren.

Bachblüten wirken als sogenannte energetische Therapie auf einem sehr subtilen Niveau und sie helfen der Katze ihr psychisches Gleichgewicht wiederzufinden. Wenn die Selbstregulationsmechanismen erschöpft und die Symptome zu intensiv sind, beobachtet man mit Bachblüten eine leichte Verbesserung, aber die Katze kommt nicht in einen Gleichgewichtszustand zurück.

Homöopathie

Eine sinnvolle homöopathische Behandlung erfordert, dass die Katze als ganzheitliches Wesen angesehen wird und nicht nur einzelne Symptome ,beseitigt' werden sollen. Neben den psychischen Symptomen werden auch die körperlichen Anzeichen erhoben, gewichtet und als Endergebnis dieser sogenannten Repertorisierung wird ein für diese spezielle Katze in dieser Phase passendes homöopathisches Präparat gewählt. Wie die Bachblüten ist auch die Homöopathie eine Regulationsmedizin und das System der Katze muss noch Reserve- und Reparaturmechanismen haben, die durch die homöopathische Behandlung aktiviert werden können. Fehlen diese Ressourcen oder gibt es organische Defekte (zum Beispiel Störungen in der chemischen Informationsvermittlung im Gehirn, genetische Defekte) wird man mit Homöopathie keine grossen und dauerhaften Erfolge erzielen.

Pflanzliche Präparate (Phytotherapie)

In der letzten Zeit bekommen pflanzliche Präparate auch in der Veterinärpsychiatrie zunehmende Bedeutung. Es gibt be-

reits pflanzliche Kombinationspräparate für die Katze aber
noch wenig Daten und Untersuchungen. Pflanzlich bedeutet
nicht gleich ‚ohne Nebenwirkungen' und auch das Motto
‚Hilft es nicht, so schadet es nicht' ist nicht angebracht. Auch
das Vorenthalten einer wirksameren Therapie zugunsten eines
vermeintlich ‚sanfteren', aber in diesem Fall unwirksamen
Medikaments, ist für die leidende Katze ein Schaden.

Psychopharmaka

Nun sind wir angelangt bei der „chemischen Keule", beim
„Beruhigungsmittel", weil einem das Verhalten der Katze
„nicht passt". Ist das tatsächlich so ? Nehmen wir ein Beispiel
aus der Allgemeinmedizin: Niemand würde auf die Idee
kommen zu behaupten, dass eine Katze mit Juckreiz nur deshalb behandelt wird, weil es so störend ist, ihr beim Kratzen
zuzusehen. Das Ziel der Therapie ist immer, die Gesundheit
und das Wohlbefinden der Katze mit allen nötigen und zur
Verfügung stehenden Mitteln möglichst rasch wiederherzustel-
len. Bei psychischen Erkrankungen ist das nicht anders – sie
können das Wohlbefinden der Katze ganz erheblich beeinträchtigen.

Bei der Erwähnung von Psychopharmaka tauchen bei vielen Besitzern unweigerlich geistige Bilder einer benebelten,
kaum ansprechbaren Katze auf, die nur mehr herumliegt. Das
ist allerdings das genaue Gegenteil dessen, was mit einer Behandlung (und Sie haben schon über die verschiedenen Be-
handlungsansätze gelesen) erreicht werden soll: eine entspann-
te Katze, die überlegen kann, die lernfähig ist, damit sie mit
der Situation umgehen und mit den anderen Katzen zusammenleben kann. Und wenn ihr Medikamente dabei helfen,
warum sollte man ihr dies vorenthalten ?

Moderne Psychopharmaka wirken auf ganz bestimmte Systeme in der Gehirnchemie. Genaugenommen nehmen Sie täg-

lich Substanzen, die Ihre Gehirnchemie beeinflussen, zu sich – Kaffee oder Tee, um die Wachheit zu erhöhen, Alkohol, weil er eine angenehm entspannende Wirkung hat. Psychopharmaka wirken nach einem ähnlichen Prinzip – es gibt Medikamente, die Angstzustände reduzieren, die bei gehemmten Katzen die Neugier und Aktivität erhöhen oder Aggressionen vermindern.

Nebenwirkungen sind bei jeder Art von Medikation möglich und es gibt individuelle Unterschiede. So wie es Menschen gibt, die aufgrund der Nebenwirkungen keinen Kaffee trinken können, gibt es auch Katzen, die einzelne Medikamente nicht so gut vertragen. Und genauso wie die unangenehmen Effekte des Kaffees nach einigen Stunden abklingen, enden auch die eventuellen Effekte einer Medikamentenunverträglichkeit wieder, wenn man sie absetzt.

Obwohl bei aktuellen Studien auch nach jahrelangen Therapien keine nachteiligen Effekte auf Organsysteme beobachtet wurden, ist es natürlich sinnvoll, die Katze regelmässig tierärztlich kontrollieren zu lassen.

Langfristige Therapien werden zum Beispiel dann notwendig, wenn die Katze einen Defekt in einem chemischen Übertragungsweg hat. Das ist vergleichbar mit einem Diabetes – die Katze ist auch bei bester Behandlung nicht mehr in der Lage Insulin zu produzieren und muss tägliche Injektionen erhalten, um gesund zu bleiben.

Wenn Sie eine medikamentelle Therapie ablehnen, sollten Sie wissen, dass Dauerstress und Angstzustände früher oder später zu körperlichen Erkrankungen führen – auch Katzen können unter psychosomatischen Krankheiten leiden.

Zusammenfassung

Die medikamentelle Therapie, egal welcher Art, einer Katze sollte keine Glaubensfrage sein. Das Ziel jeder Behandlung ist, einer Katze wieder rasch einen Zustand von Wohlbefinden zu geben. Medikamente können ein wesentlicher Bestandteil in der Behandlung psychischer Störungen sein.

Katzen sammeln – eine Sucht ?

Zu guter Letzt noch einige Worte zum ‚Sammeln' von Katzen. Die Idee, ‚armen' Katzen ‚helfen' zu müssen und sie dafür alle im eigenen Haus aufnehmen zu wollen, führt bei manchen Menschen, fast immer sind es Frauen, zu einem fast schon zwanghaften Verhalten.

Obwohl diese Sammelleidenschaft sehr häufig mit Tierschutz oder Katzenliebe und Mitleid begründet wird, steht – objektiv betrachtet – das wirkliche Wohlergehen der Katzen nur selten im Vordergrund. Gruppen werden ohne Rücksicht auf die sozialen und räumlichen Bedürfnisse und das Wohlbefinden der Katzen bis zum ‚overcrowding' – einer Massentierhaltung – vergrössert. Der Stress in diesen Katzengruppen ist enorm und dadurch ausgelöste Krankheiten wie FeLV, FIP oder Katzenschnupfen sind alltäglich. Es fehlen fast immer Zeit und Geld sowie Räumlichkeiten, um diese erkrankten Katzen zu pflegen. Noch schlimmer wird es, wenn in diesen Gruppen aus finanziellen Gründen unkastrierte Katzen leben, die zur ständigen Vergrösserung beitragen.

Der Mehrkatzen-Haushalt ist anspruchsvoll und eine grosse Herausforderung, wenn man seinen Katzen ein Leben im Spannungsfeld zwischen ihren sozialen und territorialen Bedürfnissen bieten möchte. Dazu gehört auch und ganz besonders, zu erkennen, wann die eigene Katzengruppe gross genug ist und die eigenen Möglichkeiten erschöpft sind.

Referenzen

BEAVER, V.B. Feline Behavior: A Guide for
Veterinarians, W.B. Saunders Company, 1992.
DODMAN, N. Katzen, die zuviel kratzen, Ullstein, 1999.
BESSANT, C. How to talk to your cat, Barron's
Educational Series, Inc., 1992.
DEHASSE, J. Le chat cet inconnu, Bruxelles, Vander
2000.
DEHASSE, J. L'éducation du chat, Montreal, 2000.
DEHASSE, J. Le chat hors du commun, Montreal, 1998.
GAGNON, A.-C., CHAURAND, J.-P. und LARUE, J.-F.,
Comportement du chat et ses troubles, Maison-Alfort,
Edition du Point Vétérinaire, 1995.
HEATH, S. Why does my cat ...?, London, Souvenir
Press, 1998.
JOHNSON, P. Think like a cat, Penguin, 2000.
NEVILLE, P. und BESSANT, C. The perfect kitten. How to
raise a problem – free cat. Reader's Digest, 1997.
SCHÄR, R. Die Hauskatze. Lebensweise und Ansprüche,
Stuttgart, Eugen Ulmer, 1994.
SCHROLL, S. Miez, Miez – na komm! Artgerechte Katzen-
haltung in der Wohnung. Niebüll, Videel 2001.
TURNER, D.C. Die Mensch-Katze-Beziehung, Jena,
Gustav Fischer, 1995.
TURNER, D.C. Das sind Katzen. Informationen für eine
verständnisvolle Partnerschaft, Müller Rüschlikon,
1989.
TURNER D.C. und BATESON, P. (Hrsg.) The domestic cat.
The biology of its behaviour, Cambridge University Press,
1989.

Hilfreiche Adressen

Hier finden Sie eine kleine Auswahl an hilfreichen Adressen und Kontaktmöglichkeiten, wenn Sie Probleme in Ihrem Mehrkatzen-Haushalt haben.

Österreich

www.ethovet.at : Klinische Ethologie und Verhaltenstherapie bei Hund und Katze

Deutschland

www.gtvt.de: Gesellschaft für Tierverhaltenstherapie

Schweiz

www.gstsvs.ch: Gesellschaft schweizerischer Tierärzte mit der Unterorganisation STVV – Schweizerische Tierärztliche Vereinigung für Verhaltensmedizin

Dachorganisation in Europa

www.esvce.org: European Society for Veterinary Clinical Ethology.

Miez, Miez – na komm !

Artgerechte Katzenhaltung in der Wohnung

Katzen in der Wohnung
Ethologische Grundlagen + kreative Gestaltung
Aktuell - praxisorientiert - kompetent

Zwei entscheidende Fragen bevor die Katze einzieht
Welche Katzen eignen sich für die Wohnung ?
Woher bekommt man eine passende Katze ?
Wie erleben Katzen ihre Umwelt ?
Wie kommunizieren Katzen ?
Katzengerechte Wohnungsgestaltung
Wellness für Katzen
Kann man Katzen erziehen ?
Clickertraining für Katzen

Erschienen bei Videel.
 ISBN 3-89906-107-01
10,20 € (D) bzw. 10,50 € (A).

Ich schenke dir ein Foto ...

Im Kapitel über die Kommunikation haben wir uns schon ein wenig mit den Markiergewohnheiten von Katzen befasst. Auch wenn es für uns hin und wieder schwer verständlich ist, hat dieses Verhalten für das Wohlbefinden von Katzen eine sehr grosse Bedeutung.

Nur kurz zur Erinnerung: Katzen markieren mit Pheromonen, die sie aus Duftdrüsen an Kopf, Kinn, Pfoten und Schwanzansatz abgeben, sowie mit Kot und Harn. Zur optischen Verstärkung kratzen und ritzen sie auch noch Graffiti in die Rinde von Bäumen und Sträuchern.

Nun stehen wir vor dem Problem, dass einige dieser katzentypischen Duftbotschaften einem angenehmen Zusammenleben in der Wohnung durchaus im Weg stehen können.

Beginnen wir vorerst mit den zwar sichtbaren, aber für uns wenigstens geruchlosen Markierungen.

Kratzmarkierungen

Immer wieder beklagen Katzenbesitzer die Beschädigung der Einrichtung durch ihre Katze. Textiltapeten, Armlehnen von Sitzgarnituren, Vorhänge und Teppichböden werden von der Katze regelmässig und akribisch bearbeitet, bis nur mehr die Längsfasern vom Stoff übrig sind. Wie schon in einem früheren Kapitel angedeutet, kommt hier ein Missverständnis zwischen Mensch und Katze zum Ausdruck: Was für den Besitzer die Zerstörung seiner Einrichtung, ist für die Katze eine hochkünstlerische Installation ! Das zerkratzte Sofa ist das Ergebnis einer arrivierten Performance-Party – ein dekoratives Schaustück inmitten des Wohnzimmers.

Sämtliche Strafmassnahmen scheitern – mancher verhärmte Besitzer berichtet, dass seine Katze dann erst recht vor seinen Augen mit der Kratzerei beginnt.

Und das interessanterweise häufig auch dann, wenn ein Kratzbaum angeboten wird.

Woran liegt es also?
Und wie ist dieses Problem zu lösen?

Das sogenannte «Krallenschärfen» hat für die Katze mehrere Funktionen. Erst einmal dient es dem Strecken und Dehnen des Körpers nach einer längeren Ruhepause. Das ginge ja zur Not auch noch ohne Zerstörung. Zusätzlich dient es auch der Körperpflege, indem die äusseren Krallenhüllen während des Kratzens abblättern und die neuen Krallenspitzen freilegen. Viele Katzen entfernen diese Krallenhüllen auch aktiv beim Putzen mit den Zähnen.

Beide Begründungen erklären somit nicht hinreichend die «Zerstörungswut», die manche Katzen packt, und genauso wenig, warum der angebotene Kratzbaum nicht angenommen wird.

Es liegt nämlich am Bedürfnis der Katze, optische und geruchliche Markierung zu kombinieren. Mit den Pheromonen aus den Drüsen an den Pfoten hinterlegt die Katze ihre Visitenkarte. Der Geruch und die Reichweite sind im Gegensatz zu Harnmarken aber eher gering, also wird mit der Zerstörung zusätzlich ein optisches Signal gekratzt, so dass diese Stelle auch noch auf grössere Distanz bei anderen Katzen Interesse erregt.

Und weil der Duft mit der Zeit vergeht, muss er natürlich regelmässig wieder aufgefrischt werden.

Eine wichtige Bedeutung für das Zusammenleben hat die Selbstinszenierung der Katze. Selbstbewusste Katzen demonstrieren ihre Wichtigkeit und soziale Sicherheit, wenn sie vor den Augen einer anderen Katze oder eben des Besitzers zu kratzen beginnen. Das erklärt natürlich auch, warum gerade die Aufforderung des Besitzers, das Kratzen zu unterlassen, den Fun-Faktor dieser Aktion ungemein erhöht. Sogar die

Strafandrohung mit angedeuteter Verfolgung macht aktiven Katzen Spass – schaffen sie es damit doch immer wieder, das Interesse auf sich zu lenken, um Aktivität ins Leben zu bringen.

Anregungen für kultiviertes Kratzmarkieren in der Wohnung:

Um Ihre Katze von der Selbstdarstellung an Möbeln abzuhalten, müssen Sie ihr brauchbare und katzengerechte Alternativen anbieten. Strafen sind keinesfalls geeignet, um das natürliche und normale Bedürfnis des Selbstausdrucks von Katzen zu verhindern

Unter Freilaufbedingungen wählen Katzen für ihre Kratzmarkierungen Bäume mit weicher oder leicht rissiger Rinde, die einreisst oder abbröckelt, wenn daran gekratzt wird. Ab und zu kratzen sie auch am rauhen Verputz von Hausmauern, an Gartenzäunen und anderen gut sichtbaren senkrechten Objekten.

Die Orte, an denen markiert wird, liegen an strategisch günstigen Stellen und Pfaden, wo sie auch von anderen Katzen sofort gesehen werden können. Bei manchen Kratzstellen besteht eine räumliche Nähe zu Schlaf- und Ruheplätzen.